꽃 내음이 살아있는 살아남기

'Arukah'는

히브리어로 "낫게 하다", "회복시키다"라는 뜻입니다.
Arukah Arts는 다양한 표현예술심리치료를 통해 전 세계 영향력 있는 사람들로 하여금 주변에 선한 영향력을 미쳐 더 건강한 사회가 되도록 기여하는 사회적 기업입니다.

---

*Arukah Books를 통한 도서 판매 수익금의 일부는 Arukah 표현예술심리치료 스튜디오 운영에 사용됩니다.

미쳐 돌아가는 세상에서 살아남기

글·그림
정현주

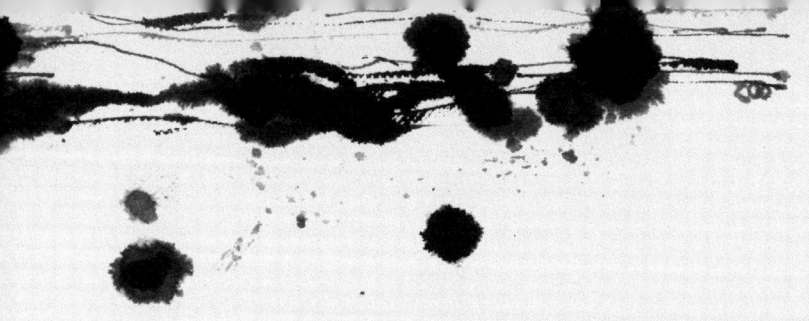

들어가는 말

요즘 뉴스를 보면 '말세'라는 말이 절로 튀어나올 만큼 세상이 미쳐 돌아간다는 느낌을 받는다. 그러다가 어느새인가 비정상이 정상이 되어버리고 정상이 비정상이 되어, 무엇이 맞는 것인지 알고 싶지 않을 만큼 지쳐버린 우리 자신을 발견하게 된다.

그러면서 대부분 사람은 개인적인 삶의 성공과 부귀에 점점 더 집착하게 된다. 어차피 세상일은 잘 모르겠고 내가 고민해봤자 바뀌지도 않을 것 같고, 머리는 아프고 능력도 없으니 '내 인생이나 잘살아 보자' 싶은 마음일 것이다.

그 결과 사람들은 점점 더 개인적이고 이기적으로 되어가며 눈에 보이는 것에 집착하게 된다. 이런 세상에서 사람들에게 인생의 의미, 건강한 삶, 진정한 행복에 대해 말한다면 "무슨 이야기 하려는지 알겠는데, 좋은 말이긴 한데, 먹고는 살아야 하잖아, 당장 먹고사는 문제가 어려운데 무슨 본질이야?"라며 귀를 닫을 것이다. 그리고 그 사람들은 더 좋은 학벌, 더 좋은 직장, 더 안정적인 직업, 더 넓은 집, 더 좋은 차 등을 위해 열심히 살아간다. 때로는 SNS에 자신이 이룬 것들을 열심히 자랑하며 성공의 등급을 매기고 그 등급을 한 단계 높이고자 더 열심히 살아갈 것이다.

이런 눈에 보이는 성공의 척도들을 향해 많은 사람들이 '불나방'처럼 몰려들고 결국에는 자신까지도 태워버린다. 대부분이 성공을 위해서 소중한 것들을 버리는 걸 서슴지 않게 되고, 그 모든 것이 성공으로 보상받을 수 있다고 생각한다.

이처럼 성공에 대한 집착이 지나치면 사람들이 학력위조나, 편법, 위법행위를 저지르게 되고 이런 것들을 무마하기 위해 끊임없이 거짓말하는 것을 우리는 뉴스를 통해 자주 보게 된다. 그래서 뉴스에는 뻔뻔하고 몰상식한 정치인, 연예인, 사업가, 종교인들이 넘쳐난다. 그러나 이런 사람들이 처음부터 이렇게 태어났다고 생각하는가?

이들도 처음에는 아무것도 모르는 하얀 도화지 같은 '아이'였다는 것을 기억해야 한다.

이런 '뻔뻔하고 몰상식한 사람들'은 유명인이라서 뉴스에 나오는 것뿐이지, 우리 주변에도 이런 사람들은 정말 많다. 심지어 우리 자신일 수도 있다. 그들은 세상에서 성공이 목적이며 그 외의 모든 것은 잠시 제쳐두거나 버리기까지 한다. 내면보다는 외적으로 남들에게 보이는 것에 치중하며, 다수의 생각에 별다른 의견 없이 수동적으로 따른다. 인생에서 허무함이 느껴진다면 그때그때 유행하는 취미 생활이나 여행으로 자신을 바쁘게 만들어 다시 외적으로는 괜찮아 보이게 만든다. 이런 사람들은 마음이 아픈데 그걸 깨달으려 하지 않고, 게을러서 고민 없이 넘기거나 다른 주제로 회피하곤 한다. 마음이 아프다는 사실은 그들의 인생에 존재하지 않는다. 그냥 피곤해서 쉬어야 하거나 기분 전환할 것이 필요할 뿐이다.

뉴스에 나오는 유명인들을 포함해서 우리가 접하는 대다수가 본질을 회피하며 피상적으로 산다면 많은 사람들은 '사는 게 원래 이런 거구나'라고 생각하고 그렇게 살아가게 될 것이다. 강물에 많은 사람이 빠졌는데 물 흐르는 방향으로 대부분이 떠내려갈 때 그 흐름을 거슬러 반대로 헤엄쳐 간다면 미친 사람일 테니까. 이렇게 요즘 시대는 다수결의 원칙으로 비정상이 정상이 되는 세상이다.

당연히 이런 대다수의 사람 중 하나라면 이 책을 집어 들지 않았을 것이다. 이 책을 읽고 있다면 아마도 요즘을 살면서 뭔가 이상하고 불편한데 무엇인지 잘 모르는 사람이든가, 아니면 나와 같은 생각을 벌써 하는 사람일 것이다.

이 미쳐 돌아가는 세상에서 이제는 '이 세상이 맞는 걸까? 내가 이상한 걸까?'라는 고민을 멈추길 바란다. 또한 쓸데없이 타인으로부터 상처받지도 말기 바란다. 이미 많은 상처를 받았다면, 그래서 많이 아프다면 고쳐보자. 고칠 수 있다. 오히려 더 단단해지고 깊어질 수 있다.

남들이 다 떠내려갈 때 강물을 거슬러 올라가는 미친 사람이 되어보자. 그래서 세상에 우뚝 서보자. 인생의 진정한 의미를 찾아보고 한 번뿐인 인생을 멋지게 살아 마무리해보자.

'진정한 인생의 의미를 찾고 남 눈치 보지 않고 멋진 인생을 산다는 것'은 박수가 절로 나오는 멋진 말이지만, 내 인생에서는 실현될 것 같지 않은 느낌이 들 수도 있다. 하지만 당신이 그렇게 살기로 마음먹는다면 누구라도 그렇게 만들 수 있다. 이 책을 읽고 이제부터는 누구나 멋지고 의미 있는 인생을 살아가길 바라본다.

정현주

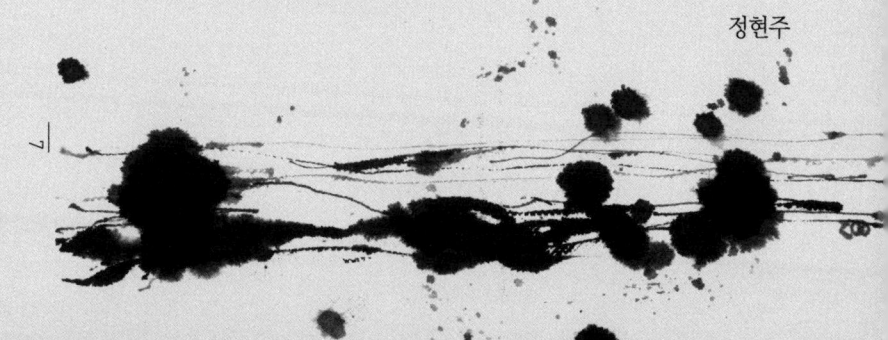

목차

04 들어가는 말

13 **첫 번째, 진실 마주하기**
모든 치유는 내 안의 문제를 인정하는 것부터 시작된다

25 **두 번째, 상처받지 않기**
상처받지 않는 법

39 **세 번째, 치유와 회복**
내면에 집중하기: 눈을 외부에서 내면으로 돌려보자
치유
시련과 고난을 통해 내면에 집중하게 된다

53 **네 번째, 창의력 되찾기**
우리는 모두가 독특하고 창의적이다
세상의 프레임에 갇혀버린 창의성
당신은 이미 창의적이다
누구에게나 감동을 주는 예술 작품

69　**다섯 번째, 완벽주의**

　　완벽주의

　　다차원적 완벽주의 척도(MPS)

　　사회적인 틀로서의 완벽주의

　　완벽주의자들은 과정보다 결과에 집중한다

　　완벽주의는 창의성을 저해한다

　　완벽주의와 양육 스타일

89　**여섯 번째, 열등감**

　　누구나 열등감은 있다

　　공격적 열등감

　　수동적 열등감

　　양육 방식에 따른 열등감 형성

　　권위주의적인 양육 방식

　　과잉보호형 부모

　　자유방임형 부모

　　열등감을 극복할 수 있게 도와주는 양육 방식

111   **일곱 번째, 완벽주의로부터 자유로워지기**

완벽주의로부터 자유로워지기

과정 자체를 즐기는 몰입감

창의적인 과정은 우리를 치유로 이끈다

125   **여덟 번째, 미술심리치료: 추상화 그리기**

누구나 추상화를 그릴 수 있다

133   **아홉 번째, 자기 훈련과 성장**

세상에 거저는 없다

유아기와 아동기

청소년기

성인 초기

중년기(25~65세)

노년기

157   **맺음말**

삶의 의미 찾기

162　**부록1: 자아실현을 이룬 사람들의 특징 15가지**
매슬로의 자아실현을 이룬 사람들의 특징

165　**부록2: MPS**

172　**부록3: 14가지 심리 이야기**
1. 지나친 겸손은 교만이다.
2. 지나친 자기 연민도 문제다.
3. 지나친 자신감은 열등감에서 비롯될 수 있다.
4. 지나치게 모든 것에 긍정적인 것은 문제를 직면하지 못하는 두려움에서 온다.
5. 정리정돈은 못 하면서 위생은 강박적으로 신경 쓴다면 불안정한 것이다.
6. 결정을 잘 못 하는 사람은 위압적인 부모의 양육 방식에서 비롯된 것일 수 있다.
7. 자신의 감정을 잘 표현하지 못하는 사람
8. 거절 못 하는 사람은 낮은 자존감 때문이다.
9. 쉽게 화를 내고 다스리지 못하는 사람
10. 잘 버리지 못하는 사람은 자신을 아무도 도울 수 없다는 불안감을 안고 있는 탓이다.
11. 마감 직전에 일을 닥쳐서 하는 사람은 완벽주의 때문이다.
12. 쉬지 못하는 사람은 불안감이 내재돼 있다(일중독).
13. 자녀의 문제는 부모의 문제에서 비롯된다.
14. 여러 가면을 가진 사람

196　References

다시 돌아오는 세상에서 살아남기

첫 번째

진실 마주하기

모든 치유는 내 안의 문제를
인정하는 것부터 시작된다

첫 번째, 진실 마주하기

모든 치유는
내 안의 문제를
인정하는 것부터
시작된다

누구도 문제가 생기는 걸 좋아하는 사람은 없다. 대부분이 벌써 생겨버린 문제조차 외면하기에 바쁘다. 많은 사람이 아무 문제 없고 행복한 삶이 성공적이며 그런 상태가 자신의 가치를 결정하는 듯한 착각에 빠져 사는 것 같다. 그래서 SNS마다 자신이 얼마나 행복한지 콘테스트를 하는 모양새다. 얼마나 고급진 음식을 먹는지, 얼마나 멋진 곳에 가보았는지, 얼마나 좋은 옷을 입는지 등 온통 겉으로 보이는 것들을 쉴 새 없이 찍어서 올려댄다.

하지만 그들의 내면은 과연 괜찮을까? 겉모습이 괜찮다고 속마음마저 괜찮은 것은 아니다. 카메라에 담기지 않은 내면의 상처,

인간관계의 어려움, 때때로 찾아오는 허무함을 무시하며 사는 사람이 많다.

똥을 쌌는데 더럽다고 신문지로 덮어버리고 자신의 눈앞에 없는 듯이 여긴다고 그 더러움이 없어질까? 그 치우지 않은 똥은 냄새 나고 나중에는 딱딱하게 굳어져 청소하기도 힘들어질 것이다. 집에 손님이 온다고 급하게 물건을 아무 데나 안 보이게 쑤셔 박아 놓는다고 그 집이 깨끗한 걸까? 나중에는 뒤죽박죽돼서 물건을 찾을 수도 없고 점점 못 열어보는 문이 많아지게 될 것이다. 그럼 넓은 공간에 있음에도 점점 옴짝달싹 못 하게 될 것이다.

이처럼 내 안에 상처와 연약함이 있는데 없는 듯이 강한 척하고 산다면 언젠가는 더 이상 버틸 수 없는 시점이 오고 주저앉아버리기 마련이다. 화산이 조금씩 분출하는 것보다 한꺼번에 폭발해버리면 어마어마한 피해가 나는 것처럼 사람의 내면 또한 마찬가지다. 그때그때 마주하고 치료하면 큰 병이 안 되지만 계속 외면하다가 어느 순간 터져버리면 손쓸 기회를 놓칠 수도 있다.

의사는 아프다는 사람한테 필요한 존재다. 의사가 아무리 "당신

여기가 안 좋으니 치료를 받으세요"라고 한들 자신은 아무렇지 않다고 생각하는 사람이 꿈쩍이나 할까? 그래서 치유는 자신의 내면에 아픔이 있다는 것을 인정하는 것부터 시작된다.

우리나라는 눈부신 경제발전을 이뤄 왔고 이는 우리 부모 세대의 강인한 정신력 덕분이라는 걸 부인할 수 없을 터이다. 그래서 강인한 부모 세대는 우리가 힘들다고 하면 "아프리카에는 지금도 굶어 죽는 사람이 얼마나 많은데, 고작 이런 거 가지고 힘이 드니?"라는 말로 우리의 말문을 막아버렸던 경험을 아마도 다들 가지고 있을 것이다. 그리고 우리도 무의식중에 배운 대로 이 비슷한 말을 어린 자녀에게 내뱉고 있을지 모른다.
"남자는 울면 안 돼, 남자가 왜 울어."
"그런 거 가지고 우는 거 아니야. 안 아프다! 괜찮다. 착하지, 뚝!"

다른 사람과 비교해서 당사자의 문제를 축소하고 일반화해 아무것도 아닌 일처럼 지나쳐버리는 것이다. 하지만 사람마다 똑같은 상처도 아픔을 느끼는 정도가 다르므로 비교하기보다는 한 사람 한 사람이 느끼는 '아픔의 강도'에 집중하고 공감해주어야 한다.

사실 이런 환경에서 자라온 우리는 당연히 문제를 정면으로 마주하기보다 축소하고 아무것도 아닌 일처럼 만들어 외면하는 데 더 익숙하다. 그러면서 긍정적으로 생각하는 것에 집중하고 이미 있는 문제를 들추는 것은 일부러 부정적인 생각을 하는 염세주의자 정도로 치부해버린다.

미국 드라마 〈체르노빌〉(HBO, 2019)을 보면 원전의 희생자 수는 정확히 알 수 없지만 사망자를 4,000~9만3,000명 정도로 추정한다. 하지만 소련이 밝힌 공식적인 사망자 수는 1987년부터 '31명 그대로이다'라는 문구가 나온다. 이 드라마의 마지막 장면에서 주인공은 독백으로 "진실은 우리에게 보이든 안 보이든, 우리가 눈을 가리든 안 가리든 관계없이 항상 그대로 있다"라고 말한다. 그리고 "거짓의 진짜 대가란 거짓을 끝없이 듣다가 진실을 인지하는 능력을 완전히 상실하는 것"이라고 덧붙인다.

체르노빌에서 알 수 없는 폭발이 벌어진 뒤 책임자는 제어 시스템의 탱크가 수소 때문에 터진 것이라고 멋대로 단정하며 부하들에게 원자로 노심에 냉각수를 부으라고 다그친다. 하지만 부하 중 한 명이 노심이 없다고 보고했고 자신 또한 창밖에 뒹굴고 있는 흑연 조각들을 보았지만, 믿고 싶은 대로 믿어버린다. 그리고 나서는 부하들을 방사능으로 오염된 냉각수로 가득 찬 지하로 내려보낸다. 결국 원자로 자체가 터져버렸다는 보고를 받지만 그조차 무시한 채 사태 수습을 위해 전 인원을 불러들여 더 많은 피폭 피해를 야기한다. 정말 우스운 일은 이 말단에서 일어나는 이야기뿐 아니라 점점 윗선으로 올라갈수록 믿고 싶은 보고를 선호하고 바른말을 하는 사람을 비난하고 배제한다는 사실이었다. 이렇게 현실 도피와 책임을 전가하는 사람들 때문에 현실을 직시하기까지 오랜 시간이 걸렸고 사태 수습을 더디게 만들어 수많은 인명 피해를 낳았다. 이러한 일이 비단 체르노빌 사건만 있을까? 우리 주변에서도 심심치 않게 들려오는 흔히 '인재'로 불리는 뉴스의 대부분이 동일한 문제에서 비롯된다.

이 실화를 바탕으로 한 드라마 〈체르노빌〉은 우리에게 많은 생각을 하게 해준다. 드라마 속의 사람들이 계속 회피하며 일을 키우는 것을 보고 단순히 답답함을 느낄 수도 있지만, 그것을 넘어서 우리의 인생, 우리의 내면의 상태로 들어가 보자. 우리는 과연 우리의 보기 싫은 부분, 불편한 진실을 마주하며 살고 있을까?

우리는 항상 긍정적으로 생각하라는 말을 많이 듣는다.
"좋게 생각해, 좋은 면만 봐, 잘될 거야, 실패할 리 없어."
우리 스스로, 또는 우리가 다른 사람에게 자주 이런 이야기를 하고 듣기도 한다. 이렇게 서로 주고받는 긍정적인 말들 속에서 우리는 때로 '속이 비어 있는 메아리' 같은 느낌을 받곤 한다.

그러면 왜 이런 좋은 피드백이나 위로의 말들이 속이 비어 있는 느낌이 들까? 그건 바로 그 말들이 진실 위에 올려진 말이 아니기 때문이다. 좋은 말이지만 가식적이며 때로는 무책임하게 들리기도 한다. 진실과 먼 말들은 우리 인생에서 힘을 발휘하지 못하는 까닭이다.

사람은 믿고 싶은 대로 믿으려는 경향이 있다. 그것이 더 쉽고 편하기 때문에 '그냥 좋게 좋게 생각'하고 넘어가려고 한다. 굳이 부정적인 현실을 파헤쳐봤자 마주할 용기도, 감당할 능력도 안 되다 보니 좋은 쪽으로 생각하고 덮어버린다. 하지만 그런다고 진실이 바뀔까? 내 안의 상처가, 연약함이 사라질까? 아마 그 자리에서 외면받은 채 썩어가다가 나중에는 냄새를 풍기고 다른 부분으로 전염되어 몸 전체를 썩게 할 것이다.

어떤 사람들은 이 말이 '너무 극단적'이라고 생각할 수도 있다. 하지만 이 모든 과정이 일생에 걸쳐 천천히 일어나는 일이라 우리가 인지하지 못할 뿐이다. 어릴 때부터 쌓이고 쌓인 내면의 문제들이 중년이나 인생의 끝자락 즈음에 터져버린다면 오랫동안 내면의 상처를 외면하며 살아온 자신을 반성하는 대신, 당장 눈앞의 상황이나 다른 사람 탓을 할 게 뻔하다.

어떤 사람은 부족한 것 없이 잘사는 듯 보인다. 항상 좋은 쪽으로 보려 하고 긍정적으로 생각하며 많은 사람의 부러움 속에 살아간다. 하지만 누구에게나 그렇듯 그 사람의 삶에도 어느 순간 위기가 찾아온다. 이는 재정적인 문제일 수도 있고, 건강 문제일 수도 있고, 인간관계의 문제일 수 있다. 아니면 자신 안에 채워지지 않는 공허함일 수 있다. 그리고 그때 사람의 내면은 허무하게 무너져내리고 만다. 대부분 사람은 이런 위기에서는 누구나 힘들 수밖에 없고, 당연히 아무것도 할 수 없다고 말하며 상황 탓이나 다른 사람 탓을 하게 된다.

하지만 그런 위기에서도 외부의 상황을 탓하기보다 자신의 내면에 집중하며 잘 극복하는 사람이 있다. 심지어 그런 사람은 수많은 위기를 잘 헤쳐나갈수록 자신의 내면에 집중해 더욱더 단단해진다. 그렇다면 어떠한 상황에서도 현실을 직시하고 용감하게 문제를 극복해나가는 사람들은 태어날 때부터 그런 재능이 특별히 주어진 걸까?

지금쯤 눈치 빠른 독자들은 답을 알아챘을 것이다. 그들이 전혀 특별하지 않다는 것을. 당신은 우리 모두가 그런 매력적인 사람이 될 수 있다는 것을 믿을 수 있는가? 물론 믿고 싶지만 불안해하는 당신의 막막한 심정도 충분히 이해할 수 있다. 하지만 당신도 마음만 바꾸면 점점 단단해질 수 있고 그래서 어떤 위기가 와도 맞서 싸워서 이길 수 있는 매력적인 사람이 될 수 있다.

그렇다면 그런 사람은 어떻게 살아왔을까? 그들은 믿고 싶은 대로 믿기보다는 불편하고 때로는 아프기까지 한 진실을 마주하며 싸워왔을 것이다. 어려운 문제에 부딪힐 때마다 남 탓, 상황 탓을 하기보다 자기 내면의 상처와 연약함이 무엇인지에 집중하며 자신을 끊임없이 변화시키며 살아온 것이다.

동화 〈벌거벗은 임금님〉은 어느 무능하고 사치스러운 왕이 멍청이에게는 안 보이는 옷감으로 만든 멋진 옷을 입었다고 믿고 한껏 뽐내며 거리를 행차한다. 이 모습을 본 백성들은 자신이 멍청이라는 사실을 감추고 싶어서 모두가 왕의 옷을 실제로 본 것처럼 감탄하는 척을 한다. 그런데 한 천진난만한 어린아이가 왕이 벌거벗고 있다고 소리쳐 모든 사람이 그 가식에서 빠져나오게 된다.

이 동화처럼 우리는 공동체에서 항상 긍정적인 말을 하도록 길들어져 있다. 선뜻 불편한 진실을 말하려는 사람은 그다지 많지 않다. '저 사람은 괜찮다는데 굳이 내가 말해서 분위기를 깰 필요가 있나. 언젠가 알게 되겠지, 모르면 말고. 내 인생도 아닌데.'
그만큼 다른 사람에게 애정이 없어서일 수도 있고, 사회적인 분위기 때문일 수도 있다. 대부분 사람은 불편한 진실을 꺼내기보다는 믿고 싶은 대로 믿으며 순간순간의 상황을 갈등 없이 넘어가기를 바란다.

이런 문제는 다른 사람과의 관계에서뿐만 아니라 자신의 문제에서도 마찬가지이다. 자신 안의 불편하고 아픈 진실을 마주하기보다는 여기서 또다시 자기가 믿고 싶고 원하는 쪽으로 생각하고 넘어간다. 예를 들어 어떤 사람이 넘어져서 무릎에 피가 날 정도로 다쳤다고 치자. 그런데 그 사람은 "이 정도 가지고 뭘요. 하나도 안 아파요. 봐요, 울지도 않잖아요" 하고 넘어간다. 하지만 나중에 그 상처가 감염되어 더 큰 수술이 필요하게 될 수도 있다. 이처럼 내면의 상처도 마찬가지다. 아니, 이 문제는 더 위험하고 심각하다. 좀 전에 말했듯이 안 보이고 천천히 진행되다가 나중에 곪아 터지는 문제이기 때문이다.

'긍정적인 사고'는 정말 좋은 '긍정적인 말'이다. 하지만 진실의 바탕 위에서 긍정적인 사고를 해야 한다. 그 진실이 불편하고 아프더라도 마주하고 인정한 다음, 그럼에도 불구하고 '긍정적인 소망'을 가지고 싸워나가야 한다. 이런 힘든 과정이 생략된 긍정적 사고는 언젠가 무너질 모래성과 같고 근본적인 치료가 없는 마취제에 불과할 뿐이다.

그러면 당신은 당신 안의 연약함과 상처들을 마주하고 있는가? "나는 항상 행복하려고 노력하고 행복해요. 모든 게 좋아요"라고 말하며 내면의 불편함은 무시한 채 무조건 긍정적으로 살려고 하지는 않은지 생각해보자. 불편함을 피해 이 핑계 저 핑계를 대며 도망 다니다가 언젠가는 반드시 진실을 마주해야 할 순간이 온다.

억지로 끌려가 진실 앞에 마주 서기 전에 용기를 내어 스스로 자신의 내면에 있는 진실과 마주하자.

우리는 살면서 알게 모르게 정신적으로 상처를 받으며 살아간다. 주변 사람들에게서, 혹은 심지어 미디어를 통해 모르는 이들로부터 상처를 받을 수 있다. 하지만 많은 사람들이 자신이 상처받은 것을 인식하지 못하거나 무시해버린다. 그리고 그것은 우리의 의지와 상관없이 내면에 자리 잡아 무의식적으로 사는 데 걸림돌이 되어버린다.

다음 장은 우리가 살면서 얼마나 불필요한 상처를 받는지 알아보고 쓸데없는 상처로부터 자유로워지는 방법을 살펴보려 한다. 그러기에 앞서 당신 스스로에게 물어보기를 바란다.
'내 안에 내가 몰랐던 문제나 상처가 있을까?'
찾아내는 것까지는 아니더라도 내가 모르는 상처가 있을 수도 있다는 여지는 가지고 보았으면 한다.

미쳐 돌아가는 세상에서 살아남기

두 번째

상처받지 않기

상처받지 않는 법

두 번째, 상처받지 않기
상처받지 않는 법

당신은 자신에게 문제가 있다고 생각하는가? 그렇다면 당신은 건강한 사람이다. 자신에게 문제가 있다고 생각하고 스스로 상담을 받으러 가는 사람은 사실 매우 건강한 상태다. 하지만 현실에서는 대부분 갈등의 원인을 상대방 때문이라고 여기고 자신은 피해자라고 생각한다. 그러면서 자신은 아무 문제 없다며 세상을 활보하면서 자신의 상처나 열등감으로 인해서 사람들에게 상처를 준다. 그래서 어쩌면 정신병동보다 그 밖의 세상이 더 위험할 수 있다. 세상 속에서 겉으로는 멀쩡해 보이지만 자신의 마음에 상처나 문제가 있는지도 모른 채 서로를 공격하기 때문이다. 그래서 우리는 언제 어디서든 정신적으로 내상을 입을 수 있다.

정신병동에서 환자들이 당신에게 소리 지르고 욕한다고 해서 그 말이나 행동에 당신은 상처받을까? 아마도 환자들의 증상이라고 생각해 그들의 말에 큰 의미를 두지 않을 것이고 상처도 받지 않을 것이다. 하지만 우리는 일상생활에서 다른 사람들로부터 쉽게 상처받는다.
"어떻게 나한테 그런 말을 할 수가 있어? 어떻게 이럴 수 있어?"

쉽게 상처받는 이유는 우리가 살면서 마주치는 사람들에 대해 각자 자기만의 기준을 세우고 기대를 하기 때문이다. 특히 자신과 가까운 친구나 가족에게는 그 기준이 더 구체적이고 바라는 기대치도 더 크다. 그렇기 때문에 종종 그들로부터 더 큰 상처를 받게 되고 헤어나기 힘든 상황도 생긴다.

이제 생각해보자. 왜 정신병동보다 그 밖이 더 위험할까? 정신병동에서는 환자들, 즉 사람들에게 아무 기대도 안 한다. 오히려 불쌍히 여기거나 도와주고 싶어 한다. 물론 무서워서 도망가고 싶을 수도 있다. 반대로 정신병동 밖에서는 모두가 정상적인 사람이라고 쉽게 생각하기 때문에 사람마다 일정한 기대를 하고 서로를 대한다.
'부모님은 이래야 하고, 선생님은 이래야 하고, 종교인은 이래야 하고, 리더는 이래야 하고…….'
이런 수많은 역할에 대한 기준은 사람마다 다 다르다. 자신이 만들어놓은 기대치에서 조금만 어긋나면 "어떻게 이럴 수 있어?"라는 말과 함께 스스로 상처를 받는 것이다.

자소 섞인 우스갯소리로 '상처 주는 가해자들은 오히려 세상을 활보하고, 그들로부터 상처받은 피해자들이 정신병동에 입원한다'고 말들 한다. 실제로, 정신적으로 문제를 겪고 정신과 상담을 받는 사람들을 보면 예민하고 쉽게 상처받아 그것을 잘 감당하지 못하는 성향이다. 자신이 힘들어하고 감당하지 못할 정도로 심약하다는 것도 잘 알고 있다. 반면에 남에게 상처를 주는 사람들은 대체로 무디고, 감정적이기보다는 이성적이며 자신만의 논리와 자기 위주의 시선을 가지고 있다. 그래서 자신은 별다른 말도 안 했는데 상대방이 비정상적으로 반응한다고 생각하며 공감하지 못한다.

우리는 때때로 피해자가 되어 상처를 받고 또한 가해자가 되어 상처를 주기도 한다. 그렇기 때문에 우리는 모두 살면서 아픔과 상처를 가지게 된다. 그런데 상처를 받아 불편하고 힘든 상황에서 남을 탓하기보다는 자기 내면의 상처와 연약함을 찾아 극복해 온 건강한 사람들이 있는가 하면, 매번 자신의 문제점은 덮고 남 탓만 하며 살아온 건강하지 못한 사람들도 있다. 사실 후자 쪽이 더 많다. 주변에 멀쩡해 보여도 내면이 아픈 사람이 많은 이유다. 그래서 그들은 어떤 특정한 상황에 놓이게 되면 자신을 방어하고자 침묵하거나 말로써 남을 공격하곤 한다. 이런 과정에서 우리는 서로가 상처를 받게 되고 우리 자신이 그 상처로 또다시 다른 사람에게 상처를 주는 것이다. 이 세상에는 우리 자신도 모르게 누구나 공격할 수 있는 무기를 내면에 숨기고 있기 때문에 서로가 언제 어디서 내상을 입힐지 모른다. 그래서 정신병동 안보다 밖이 더 위험하다는 것이다. 정신병동 안에서는 우리가 어느 정도 마음의 준비가 가능하기 때문이다.

이 사실이 이해되었다면, 이제 당신은 더 이상 불필요하게 상처받지 않아도 된다. 왜냐하면 이 세상은 거대한 정신병동과 같기 때문이다. 정신병동에 있는 사람에게 아무런 기대를 하지 않아 상처받지 않는 것처럼 이 세상에서도 주변 사람들에게 그렇게 하면 된다. 우리 대부분은 정신질환을 가지고 있는 환자들이고, 각기 다른 아픔과 상처에 따른 증상을 가지고 있다. 우리가 대표적인 정신질환을 진단하는 책인 〈DSM-V(정신장애 진단 및 통계 편람)〉를 읽어본다면 여러 정신질환 증상이 자신에게 생각보다 많이 적용된다는 것에 깜짝 놀랄 것이다.

자, 환자라고 생각되는 증상을 가진 사람들로부터 상처받을 수 있는가? 아직도 받고 있다면, 그 사람에 대한 기대가 아직도 크다는 것이다. 사람은 사람이다. 하나님이 아니다. 당신을 포함해서 누구나 상처와 아픔이 있다는 것을 기억하자. 그 상처와 아픔들 때문에 우리는 자기도 모르게 자신을 방어하기 위해 다른 사람에게 공격적으로 반응하거나 상대방의 의도와는 다르게 그의 말을 공격으로 받아들이기도 한다.

우스운 얘기지만 나는 1호실 환자, 내 옆은 2호실, 그 옆은 3호실⋯⋯. 증상은 다르지만 모두가 환자라 할 수 있어서 모두 각자의 상처와 아픔으로 인해 다양하고 특정한 상황에 반응하는 증상이 있다. 하지만 우리는 상대방이 자신의 상처 때문에 반응하는 것을 나 때문이라고 오해해서 받지 않아도 될 상처를 받고 고민하는 경우가 많다. 상대방의 문제 때문에 비롯된 비정상적인 반응을 나에 대한 공격인 줄 알고 되받아치다가 관계의 갈등을 겪는 것이다.

특히 부부 싸움에서 많은 부부가 아무것도 아닌 일로 싸운다고 말한다. 하지만 그 아무것도 아닌 일이 왜 큰 싸움으로 번지는 것일까? 그것은 대부분 어린 시절 겪었던 각자의 상처로 인하여 무의식적으로 어떤 특정한 상황에 놓이면 서로 공격적인 반응을 보이기 때문이다. 흔히들 싸움의 원인이라고 생각하는 아무것도 아닌 일은 그냥 시발점이고 부부 싸움의 본질적인 원인은 각자가 가지고 있던 내면의 상처에서 기인한다. 본질적인 원인을 모르고 쓸데없는 상처를 주고받는 가운데 각자의 근본적인 문제가 묻혀버리고 서로 남 탓을 하며 갈등은 눈덩이처럼 커져버리는 경우가 많다. 만약에 내 문제와 상대방의 문제를 따로 분리해 바라본다면 관계가 뒤죽박죽 엉켜 눈덩이처럼 커지지는 않을 것이다.

우리는 누구나 내면에 상처와 연약한 부분을 가지고 있다. 그래서 서로 관계를 맺다 보면 각자의 이런 문제들이 서로 부딪히고 뒤죽박죽 섞이며 상처에 상처를 만들어낸다. 나중에는 엉킬 대로 엉켜버린 실타래가 되어 자포자기해 그 사람과 거리를 두거나 남 탓을 하며 살아가는 것이다.

그래서 우리는 다른 사람과의 관계 안에서 나의 문제와 남의 문제를 구별하고 분리하는 노력이 필요하다. 즉 각자의 증상들을 분리하는 것이다. 어떤 상황이나 어떤 말 때문에 상대방이 보통 다른 사람과 다르게 특별히 과한 반응을 보인다면 그것은 그 사람의 문제이다. 물론 이유를 파악한다면 그를 받아들이고 이해하는 데 도움이 되겠지만, 그 이유를 모르더라도 그냥 '저 사람에게는 무언가가 있구나' 하고 받아들이면 된다.
'저 사람은 이런 말에, 이런 상황에 이렇게 반응하는 사람이구나' 하고 그대로 그 자리에 내려놓는 것이다. 하지만 대부분은 이런 상황에서 '내가 뭘 잘못했나?', '왜 저 사람이 저러지?'라고 고민하며 자신의 문제로 삼아 상처를 받거나 급기야 다투게 되고 그 과정에서 상처를 주기도 한다.

우리는 대부분 이런 성찰이나 고민 없이 무조건 다른 사람의 문제점을 지적하고 바꾸려고 시도한다. 하지만 사람은 다른 사람의 말을 듣고 순순히 바뀌는 창조물이 아니라는 데 모두 동의할 것이다. 사람은 자기 스스로 깨달아 바꾸고자 마음먹지 않으면 바뀔 수가 없다. 그러니 우리가 할 수 있는 것은 '아, 저 사람은 이럴 때 저렇구나' 하고 인정하고 받아들이는 방법밖에 없다. 이런 타인에 대한 인정과 용납은 나를 쓸데없는 상처로부터 보호한다.

많은 사람이 상대방을 인정하고 받아들이는 것을 자신이 그 사람을 위해 희생하는 것으로 생각해서 억울해하기도 한다. 하지만 다른 사람을 인정하고 이해하는 것은 희생이 아니라, 나 자신을 보호하고 자신에게 더 이롭게 하기 위한 것임을 이해했으면 좋겠다.

'저 사람이 화내는 것은 저 사람 안에 뭔가가 있어서 그런 거지 내 문제가 아니야!'라며 나를 분리하고 그 사람을 객관적으로 바라볼 때 우리는 쓸데없는 에너지와 감정 소모에서 벗어날 수 있다.

물론 인간관계의 갈등이 자신의 어린 시절의 어떤 상처로 인해 나타나는 문제일 수도 있다. 그렇다면 이런 경우가 예전에도 있었는지 한 번 곰곰이 되짚어보자. 내가 어떤 특정한 말이나 상황에서 과잉 반응을 하는지 돌이켜보는 거다. 만일 그렇다면 어릴 적의 상처가 어떤 특정한 말이나 상황에서 자신도 모르게 과잉 반응을 하도록 유도하여 문제를 일으킬 수 있다. 이렇게 자신 안의 문제를 발견했다면 '아, 나에게 이런 부분이 있구나'라고 인정하고, 그것 또한 나 자신의 일부분임을 받아들이자. 이런 것을 인지하고 있으면 당신은 변하게 된다.

다시 말하지만, 만약 두 사람 모두의 문제로 인해 갈등이 유발된다면 자신의 문제와 상대방의 문제를 분리해 상대방의 문제점은 수용하고 자신의 문제점은 고치면 된다. 다만 이때 "쟤는 나한테만 뭐라 하는데, 왜 나만 고쳐요?"라고 억울할 수 있다. 상대가 어린애로 남고 싶어 한다고 해서 본인도 같이 남는 걸 선택한다면 어쩔 수 없다. 물론 다 같이 성장하면 좋겠지만 먼저 인지한 사람이라도 앞으로 나아가는 것이 어떨까?

예를 들어 어렸을 때 가족을 떠난 아버지가 있는 남자와 유복한 가정에서 자라 어렵게 산 경험이 없어 공감 능력이 떨어지는 여자가 만났다고 하자. 남자는 아버지처럼 되기 싫어서 아버지와 반대로 책임감이 굉장히 강하고 세심하며 정이 많다. 여자는 부족함 없이 자라서 자존감이 높고 의존적이지 않으며 자신만의 꿈을 이루려고 노력하면서 산다.

여자는 직업상 '1년에 한 달 정도는 남자와 떨어져 지낼 수 있다'고 생각하지만, 남자는 '결혼 후에 부부는 어떤 이유든지 절대 떨어져 지내면 안 된다'고 생각한다. 여자와는 달리 남자 입장에서는 가족은 항상 붙어 있어야 하기 때문이다. 이런 둘의 정반대 성향은 늘 둘을 부딪히게 한다.

이 상황에서 둘의 자라온 환경을 각각 놓고 생각하면 우리는 둘 다 이해할 수 있다. 남자는 아버지의 부재로 애정 결핍과 '가족'에 대한 남다른 집착이 있고, 또 매사에 부족함 없이 자란 여자는 이런 남자가 이해가 안 되고 공감이 안 되는 것이다. 여자 입장에서 남자의 상태를 이해한다면 '그래, 충분히 저럴 수 있어'라고 공감하며 남자가 본인의 과도한 집착을 스스로 깨닫길 기다려줄 수도 있고, 아니면 '그런 상처로 인해 계속 나에게 집착한다면 나로서는 견딜 수 없어' 하고 관계를 정리할 수도 있을 것이다. 다만 이 과정에서 불필요한 본질에서 벗어난 감정 소모와 말다툼으로 상처를 받을 이유는 없다.

나를 알고 상대방을 알고 이해하고 받아들이고 서로가 기다릴 수 있을지, 아니면 멈추어야 할지를 정하면 된다. 물론 남자 입장에서도 이런 과정을 거칠 수는 있지만, 보통은 심한 상처를 가진 사람은 남도 자신도 객관적으로 볼 수 있는 상태가 아니기에 어렵다 할 수 있겠다.

상식적으로, 덜 아픈 사람이 더 아픈 사람을 돌보게 마련이다. 하지만 무조건 인내하라는 게 아니라, 객관적으로 나와 상대방의 문제점을 분리해 바라보고 이해한 다음 자신이 인내하며 기다릴 수 있는가 판단하고 그 관계를 지속할지, 멈출지에 대해 결정하라는 것이다. 이 과정에서 "어떻게 이럴 수 있니?", "어떻게 이렇게 이기적이니?" 식의 쓸데없는 감정 다툼으로 인한 상처는 없어야 한다.

그냥 그 사람이 그런 상태라는 것을 받아들인다면 서운함도 원망도 없기 때문이다. 과거 어떤 환경에서 자라서 상처를 받고 그로 인해 이런저런 행동을 하는 상대에게 대체 왜 그러냐고 따진다면, 태어날 때부터 넌 왜 그렇게 생겼냐고 하는 것과 같다. 그러니 다른 사람을 변화시키려 하지 말고 그 사람을 있는 그대로 받아들이고 왜 그런지 이해한다면 무익한 감정 소모나 상처를 받는 일은 없을 것이다.

우리는 다른 사람을 이해하고 받아들이는 데까지는 할 수 있지만, 그 사람을 변화시킬 수는 없다. 하지만 자기 자신의 경우에는 자신을 있는 그대로 받아들이고 이해할 수 있으며 더 나아가 스스로 변화할 수 있다. 우리 스스로가 자기 자신의 주인이며 변화시킬 수 있는 주체이기 때문이다.

우리는 이렇게 간단한 사실을 간과한 채, 다른 사람을 바꾸겠다고 또는 나아가 세상을 바꾸겠다고 힘을 빼고 있다. 모든 사람이 이 간단한 사실을 인지하고 각자가 스스로를 바꾼다면 세상은 건강하고 아름답게 변할 것이다. 이것이 내가 책을 쓰는 이유이기도 하다.

나는 정치가도 혁명가도 아니지만, 한 사람 한 사람이 건강해짐으로써 이 세상이 변할 것이라 믿는다. 가정도, 정치도, 기업도 다 사람을 경영하는 일임을 모두가 알 것이다. 세상이 시스템을 바꾸고 법을 잘 만들고 정치를 잘해서 건강해지고 좋아진다고 생각하는가?

한 사람 한 사람이 모여 집단을 이루고 세상을 이룬다. 그 세상이 건강해지고 더 나아지기 위해서는 그 한 사람 한 사람이 변해야 한다. 특히 뉴스에 자주 등장하는 영향력 있는 사람들이 건강해지면 파급 효과가 클 것이다. 앞으로 소개할 이 책의 내용이 한 사람 한 사람의 삶을 변화시키고 그래서 더 나은 세상이 되기를 바라본다.

세 번째

치유와 회복

내면에 집중하기: 눈을 외부에서 내면으로 돌려보자

치유

시련과 고난을 통해 내면에 집중하게 된다

세 번째, 치유와 회복

내면에 집중하기:
눈을 외부에서
내면으로 돌려보자

불필요한 상처를 받는 것에서 벗어났다면 이제 무엇을 해야 할까? 상처를 더 이상 받지 않는다고 해서 당신 안에 여태까지 있었던 상처가 다 없어진 것은 아니다.

외부로부터의 자극을 끊고 이제부터는 당신의 무너진 내면을 보아야 할 차례이다. 그렇지만 나 자신의 내면을 보려고 해도 우리의 눈은 밖으로 뚫려 있는 탓에 나보다는 다른 사람의 것이 먼저 보인다. 특히 다른 사람의 잘못된 점들이 우리를 신경 쓰이게 한다.

앞에서 언급한 것처럼 다른 사람은 말로써 고쳐지지 않으니, 나 자신에게 집중하자. 변화시킬 수 있는 것은 남이 아니라 나 자신뿐이라는 것을 기억하길 바란다.

'내면에 집중한다'라는 말은 참 뭔가 있어 보이는 표현이다. 그런데 실제로 행할 수 없다면 아무것도 아닌 말이 된다. 사람의 내면은 정말 깊고도 깊어 알 수 없다는 속담이 있을 정도이다. 그런 내면에 집중해서 몰랐던 것을 알아가는 것은 계획 없이 떠나는 여행과 같다. 뭐가 어디서 나올지 모르기 때문에 긴장되기도 하고 두려울 수도 있다. 때로는 자신이 몰랐던 상처를 발견해 당황스럽고 아파할 수도 있다. 하지만 이런 두려움과 아픔을 딛고 극복하는 과정은 우리를 크고 단단하게 성장시킨다. 이 과정은 일회성이 될 수 없기에 우리는 평생을 자신의 내면에 집중하며 자신에 대해 알아가야 한다. 다시 말해, 평생 멈추지 않고 성장하는 것이다. 그래야 최소한 나이를 거꾸로 먹었다는 말을 듣지는 않을 것이다.

'벌거벗은 임금님'처럼 남들은 왕의 잘못된 부분을 잘 아는데, 정작 당사자만 모르고 있는 경우가 많다. 타인의 잘못된 점은 잘 보여서 쉽게 알지만, 자신에 대해서는 특별히 애쓰지 않는 한 잘 모르기 마련이다. 그러면 '벌거벗은 임금님'처럼 아무렇지 않은 척 심지어 허세를 떨며 길거리를 뽐내며 돌아다닐 수 있다. 자신이 어떤지 모르는 그 당시에는 괜찮지만 나중에 진실을 알게 되면 굉장히 수치스러울 일이다. 자신의 내면을 여행하다 보면 수치스러운 순간을 많이 발견하게 되는데, 그래서 어떤 사람은 자신의 본모습을 끝까지 인정하지 않는 경우도 있다. 그러면 당장은 속이 편할 수도 있겠지만 결국 '벌거벗은 임금님'처럼 나중에 그 사람 주변에는 진실한 사람은 찾아볼 수 없게 될 것이다.

주변을 둘러보면 자기 자신에 대해 잘 모르는 사람일수록 화를 잘 내고 잘 삐진다는 사실을 발견할 수 있다. 자신의 내면에 대해 평소에 깊이 생각해보지 않는 사람일수록 자기 멋대로 생각하거나 남에게 보여주려고 애쓰는 겉모습이 자신이라고 착각하면서 산다. 그래서 누군가 용기를 내어 충고하거나, 혹은 다툼 중에라도 타인이 자신에 대해 부정적으로 말하는 상황을 마주하면 화를 내거나 부정하고 도망가버리는 모습을 종종 볼 수 있다. 심지어 자신에게 부정적인 말을 한 그 사람의 문제점을 찾아내어 오히려 무시하거나 자신에게 충고한 말을 막말로 쉽게 단정 지어버리기도 한다.

하지만 평소에 자기 자신에 관해 깊이 생각하고 자신에 대해 잘 아는 사람은 무슨 말을 들어도 당황하거나 쉽게 화를 내지 않는다. 평상시 자신의 장점은 물론 연약한 부분, 단점을 염두에 두고 있었다면 그런 말을 들었을 때 놀라거나 창피하거나 화를 내지 않는다. 오히려 그런 충고를 해준 사람에게 감사하거나 그 사람의 진실성을 높이 평가할 것이다. 결과적으로 이런 사람 주변에는 진실한 사람들로 넘쳐나게 된다.

내면에 집중한다는 것은 장점뿐 아니라 단점, 상처, 어린 시절의 기억, 생각, 감정 등 자기 안의 모든 것을 마주하고 받아들이는 것을 말한다. 하지만 뜬금없이 시도 때도 없이 자신의 내면을 파헤치는 것은 불가능하다.

사람들은 편하기만 하고 즐거운 상황에서는 자신에 대해 깊이 생각하지 않는다. 대개는 어떤 불편하고 힘든 상황에 직면했을 때 '고민'이라는 것을 하게 된다. 하지만 이때도 많은 사람들은 자신의 내면을 들여다보는 게 아니라 상황 탓, 남 탓을 쉽게 한다. 정작 중요한 자신 안의 문제는 덮어두고 말이다. 하지만 지혜로운 사람은 자신이 통제할 수 없는 타인이나 외부 상황이 아니라, 자신이 통제할 수 있는 스스로를 바라본다. 그리고 자신으로부터 변화를 모색한다. 이 세상에서 내 마음대로 바꿀 수 있는 유일한 대상이 바로 나 자신이기 때문이다.

만약에 모든 사람이 각자 자신의 문제를 마주하며 고치려고 노력한다면 세상은 정말 건강해질 것이다. 하지만 현실은 자신의 문제보다는 남의 문제점을 지적하며 정죄하고 비판하기 쉽다. 우리는 그 과정에서 서로 더 많은 상처와 갈등을 유발한다. 그렇기에 우리는 타인이 아니라 나 자신을 먼저 보아야 한다. 그런 다음 타인의 무너진 내면이 보인다면 그것은 그들을 바꾸고 고치라고 권한을 준 게 아니라, 이해하고 용납하라고 주어진 것이다. 당신이 변한다면 다른 사람도 변할 수 있다.

도무지 변하지 않는 많은 사람들은 "사람은 절대 변하지 않아"라고 입버릇처럼 말한다. 그런데 이 말은 자기 자신은 절대 변할 수 없다는 말과 같다. 실제로 그들은 변하지 않는다. 반면에 스스로 변화를 겪어본 사람은 "누구나 마음먹으면 변할 수 있어. 나도 변했는걸"이라고 말하면서 자신뿐만 아니라 다른 사람에게도 긍정적인 영향력을 끼친다.

당신은 마음먹으면 얼마든지 자신을 변화시킬 수 있다. 그리고 당신의 모습을 통해 주변의 다른 사람에게까지 좋은 영향을 주게 마련이다.

세 번째, 치유와 회복

치유

내면에 집중하면 뭐가 달라질까? 일단 자신을 깊이 알게 된다. 그러면 어떤 사람들은 이렇게 물어볼 수도 있을 것이다. "그럼 알기만 하면 그냥 되는 건가요? 이게 끝이라고요?"

대답은 우리가 몰랐던 자신의 내면을 아는 것, 그리고 받아들이는 것. 이것이 우리가 치유를 위해 할 수 있는 모든 것이다. 자신이 몰랐던 내면의 상처를 발견하고 마주하고 받아들이는 것이 치유와 회복이다.

"아는 것이 다라고요? 이걸로 치유가 된다고요?" 어떤 사람들에게는 자신에 대해 몰랐던 부분을 알고 인정하는 것만으로 치유가 될 수 있다는 사실이 너무 단순하고 쉬워 보여서 믿기 힘들지도 모른다. 하지만 자신에 대해 알고 인정하는 것이 그렇게 단순하고 쉬운 과정은 아니다.

자신에 대해 몰랐던 부분을 알기 위해서는 '고민'이라는 것을 시작해야 한다. 이런 '고민'은 평온한 일상에서 하는 것이 아니라, 대체로 불편하고 힘든 상황에서 한다. 하지만 이런 상황을 마주했을 때 상황 탓, 남 탓을 안 하고 자신에게서 문제점을 찾는다는 것은 정말 힘든 일이다. 그다음에 자신이 과거에 입었던 상처로 문제가 생겼다는 것을 인정하는 것, 이건 정말 더 힘들다. 왜냐하면 대부분이 그 당시 일들을 축소하고 괜찮은 척하며 넘어간 건데 이제 와서 그때 상처받았다고 인정하기란 쉽지 않기 때문이다.

물론 이 모든 것을 하기 위해 잊고 덮어두었던 그 상황으로 돌아가서 상처받았던 일을 기억하기도 쉽지 않다. 심한 트라우마를 가지고 있는 사람들이 그 상황을 연상시키는 실마리조차 괴로워 거부하는 것도 이와 같은 이유 때문이다.

한 문장으로 표현할 수 있지만 정말 힘든 이 과정을 해보면 자신에 대해서 깊이 이해하게 되고 이런 것들이 모여 우리를 단단하게 성장시킨다. 이와 마찬가지로 심리학자 칼 융 Carl Jung 은 우리 안의 의식과 무의식의 불균형이 신경증을 유발한다고 생각했다. 그래서 사람들이 근본적으로 변화하기 위해서는 자기 내면의 숨겨진 부분을 발견하고 이를 자신의 한 부분으로 받아들이는 과정이 필요하다고 주장했다. 융은 이 과정을 개성화^{individuation}라고 했는데, 이 과정이 내가 말하고 있는 치유의 과정이다.(Corsini & Wedding, 2010)

우리는 내면의 숨겨진 것들을 기꺼이 알아차리려고 할 때 자신만의 '치유의 문'을 열 수 있다. 정신과 상담을 받는 목적은 내가 겪고 있는 갈등을 통하여 내 안에 몰랐던 상처와 연약함을 발견하기 위해서다. 인지하지 못하고 있던 자신의 한 부분을 발견하고 인지하며 자신의 한 부분으로 인정하는 것이 치유이기 때문이다. 하지만 상담을 하면서 당신이 하고 싶은 말, 상황 탓, 남 탓만 하며 일종의 스트레스만 풀고 온다면 아마도 당신은 앞으로 미성숙한 상태에서 비슷한 갈등을 겪으며 평생을 살아가게 될 것이다. 물론 처음에는 상담사와 당신이 신뢰를 쌓기 위해 당신이 편히 하고 싶은 이야기만 할 수 있으나 계속 그런다면 곤란하다. 만약 당신이 정기적으로 상담을 받으러 가서 자기가 하고 싶은 말만 늘어놓으며 수다를 떨고 온다고 생각된다면 당장 그만두길 권한다.

우리 인생에서 모든 갈등과 불편함이 다 나쁜 것만은 아니다. 오히려 그것들은 우리가 성장하는 데 꼭 필요하다. 흙탕물이 잠잠할 때는 밑에 찌꺼기가 가라앉아 깨끗한 물처럼 보인다. 하지만 휘저으면 찌꺼기가 위로 떠오르면서 정말 더러운 물이라는 걸 알 수 있게 된다. 바로 이때 체로 찌꺼기를 건져내는 것이다. 우리의 내면도 마찬가지이다. 우리의 마음이 휘저어졌을 때 우리는 자신의 내면에 숨어 있던 아픔이나 상처를 발견하게 된다. 이처럼 숨겨왔던 것을 직면하고 표현함으로써 우리는 문을 두드려 스스로 치유를 시작할 수 있다. 이를 통해 그동안 알지 못했던 자신의 다른 부분을 찾아내 재통합할 수 있는 것이다. 이 과정에서 우리는 계속해서 성장하고 더욱 단단해진다.

이렇게 자신에 대해 깊이 넓게 알게 되면 다른 사람에 대해서도 깊이 이해하고 있는 그대로 받아들이게 된다. 왜냐하면 사람의 내면은 깊이 들어가면 서로 닮았기 때문이다. 따라서 남의 허락이나 동의를 구하지 않고 모든 것을 꺼내 볼 수 있는 나 자신부터 들여다보고 이해하는 일이 각자에게 제일 좋은 시작이 될 것이다. 그런 후에 다른 사람을 본다면 이전엔 이해할 수 없던 행동이지만 내가 모르는 이유로 인해 저 사람이 그런 행동을 했다는 걸 알게 되고 함부로 판단하지 않게 된다. 나 자신 또한 마찬가지 이유로 그랬다는 걸 이해하기 때문이다.

자신의 내면에 집중하면 자신에 대해 깊이 알게 되고 다른 사람에 대해서도 깊이 알게 되어 여태껏 보지 못했던 것들을 보게 된다. 여태껏 겉으로 보이는 것에 시선을 요리조리 분산시켜 살아왔다면, 이제는 깊이 숨겨져 있어도 정말 중요한 것들에 시선을 두고 살 수 있는 것이다. 이는 마치 풍랑 가운데 잠잠함처럼 우리를 단단하게 만들어줄 것이다.

세 번째, 치유와 회복
시련과 고난을 통해
내면에 집중하게 된다

내 이야기를 해볼까 한다. 나는 대학교까지 남의 평가와 기대에 맞춰 어떤 보이지 않는 틀 안에 갇혀 살아왔다. 그래서 대학에서 디자인을 전공할 때도 무엇인가 남들이 안 하는 창의적인 디자인을 하려고 스트레스를 받으며 살았다. 언제든 남들이 뭘 했는지 자료 조사부터 하고 그것들을 피해 새로운 것을 하려고 했다. 나의 내면에서 끄집어내는 것이 아니라 외부로부터 무엇인가를 만들어내려고 했다. 결과는 당연히 감동이 없는 메마른 것들이 나왔고 그 과정에서 아무런 즐거움을 느낄 수 없었으며 모든 창작이 짐으로만 느껴졌다.

기교는 뛰어난데 감동이 없는 그림들을 본 적이 있을 것이다. 심지어 남들이 하지 않는 예술을 한다고 괴기한 것들을 그리고 디자인하고 음악을 만들고……. 신기하지만, 감동은 없다. 우리는 남들이 안 하는 창작을 한다고 만든 괴기하기까지 한 예술을 접하며 기분까지 나빠진 경험이 종종 있을 것이다.

대학 졸업 후 결혼과 함께 미국에서 한국의 익숙하고 편한 소리와 떨어져 살면서, 동시에 고난과 시련을 겪으면서 나는 외부보다는 나의 내면에 집중하게 되었다. 외부로부터 오는 시끄러운 소리와 시선에 나 자신을 껴 맞추려고 했던 것을 멈추었다. 외국 생활이 한편으론 외롭게 느껴질 때도 있었지만, 시간을 잘 보내면 자신의 내면과 마주하는 소중한 기회가 될 수도 있다는 것을 깨달았다.

익숙하지 않은, 어디 하나 의지할 곳 없는 타지에서 생활하다 보니 쓸데없는 것에 시간도, 돈도, 에너지도 낭비하지 않게 되었다. 물론 처음부터 그런 건 아니지만, 힘든 일들을 겪으며 정말 중요한 곳에만 집중하게 되었다. 이전에는 남들의 평가와 기대에 맞추어 나 자신이 아닌 채로 살았지만, 중요한 것이 내 안에 있다는 걸 발견한 후에는 나의 내면에 집중한 것이다.

교회에서 항상 말하는 '시련과 고난은 축복입니다'의 의미를 경힘했다. 전화위복이라는 말처럼 인생의 모든 기회는 나쁜 일이 생길 때 오는 것 같다. 앞에서 말한 것처럼 '깊은 고민'은 평탄하고 행복하다고 느낄 때가 아니라 인생의 위기에서 하기 때문이다.

물론 어떤 사람은 '깊은 고민'을 하는 와중에 남 탓, 상황 탓을 하며 절망에 빠져 일어서지 못하고 우울증에 걸리기도 한다. 하지만 성공한 사람들의 스토리를 들어보면 그들은 힘들 때 자신 안에 무엇이 잘못됐는지, 자신이 할 수 있는 일이 무엇인지에 집중하며 다시금 일어섰다. 세상을 바꾸는 것이 아니라, 자신을 바꾸어 성장한 것이다.

만약 당신이 지금 힘든 상황에 놓여 있다면, 절망에서 나오길 바란다. 이것은 당신 인생에서 기회일 수 있기 때문이다. 모든 사람은 다 다르므로 똑같은 성공 스토리를 기대하지 말고 당신 자신만의 것을 찾아라. 당신을 이렇게 만든 상황도, 사람도 잊어버리는 게 좋다. 그 시간에 당신 안의 어떤 연약한 부분이 당신을 앞으로 나아가지 못하고 힘들게 하는지 찾고 그 부분을 인정하는 게 현명하다. 그러면 그런 것들이 단단해져서 더 이상 상황과 주변 사람들에게 휘둘리지 않고 자신의 길을 뚜벅뚜벅 걸어갈 수 있는 대단한 사람이 될 것이다.

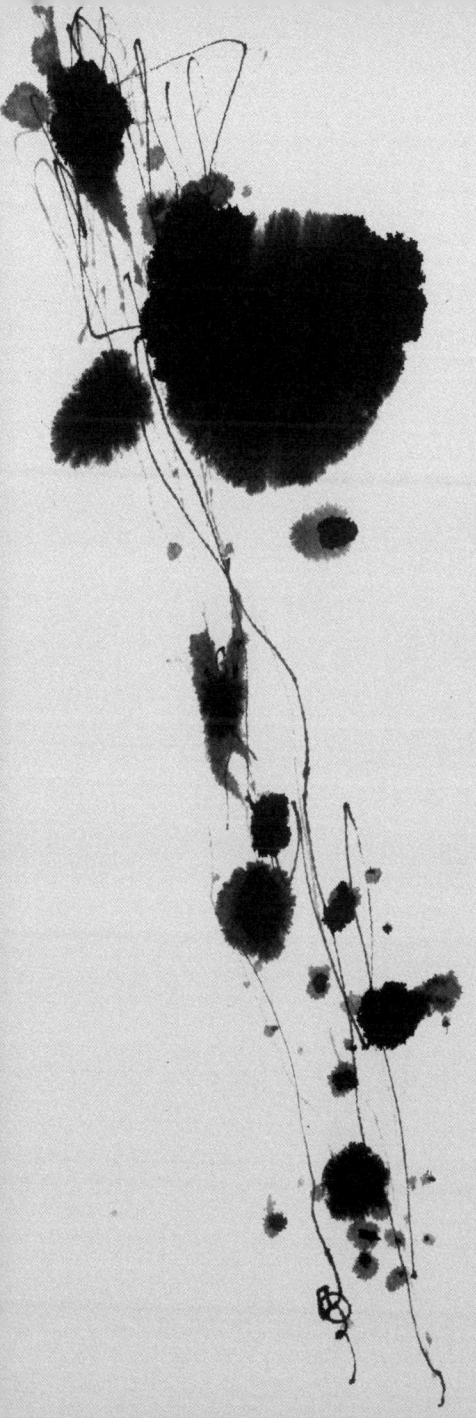

미쳐 놀아나는 교양인의 삶 살기

네 번째
창의력 되찾기

우리는 모두가 독특하고 창의적이다

세상의 프레임에 갇혀버린 창의성

당신은 이미 창의적이다

누구에게나 감동을 주는 예술 작품

네 번째, 창의력 되찾기

우리는 모두가
독특하고
창의적이다

쓸데없이 상처받는 것을 멈추고 과거의 상처로 인해 우리 안의 허물어진 부분을 보수해나가는 것은 당신의 인생을 새롭게 할 대단히 큰일이다. 이것만으로도 당신의 삶은 많이 바뀔 것이다. 사람들의 발목을 잡고 있는 인간관계 속에서의 불편함과 상처들이 없어지면, 그리고 자신에게 집중하는 데 익숙해지다 보면 시간과 에너지가 남는 걸 발견하게 될 것이다. 그러면 여기서 안주하지 말고 욕심을 더 부려보자. 이번에 이야기할 창의성과 완벽주의는 큰 틀에서는 자신의 내면에 집중해 몰랐던 것을 알아가고 받아들이는 치유 과정에 속한다고 할 수 있다.

우리는 이 세상에 한 사람 한 사람 반짝이는 존재로 태어났다. 누구나 세상을 비추는 자신만의 빛을 가지고 태어난 것이다. 그리고 우리는 모두 각기 다른 모습으로 태어난다. 한 사람도 똑같은 사람은 없다. 심지어 똑같이 생긴 쌍둥이도 풍기는 분위기나 성격이 모두 다른 것을 볼 수 있다. 그냥 한 사람 한 사람의 존재 자체로도 우리는 모두가 독특하고 창의적이다.

대부분은 어떤 특정한 사람들만이 창의적이라고 생각한다. 예를 들어 이론가, 예술가, 과학자, 발명가, 작가 등이다. 그 이유는 욕구단계설로도 유명한 에이브러햄 매슬로 Abraham Maslow가 언급한 것처럼 창의성을 생산성 측면에서만 생각했기 때문이다. 그러다 보니 과정은 무시한 채 결과물이 무엇인가 거창하고 독특해야 한다고 생각하는 것이다.

완벽주의와 창의성에 관한 나의 석사 논문 〈Turning on your Creativity: breaking through perfectionism by making abstract arts〉(2015)의 인터뷰에서 대상자 중 절반 이상이 무슨 일을 하든 그 결과보다 과정이 더 중요하다고 응답했다. 하지만 그들이 창의성을 정의할 때 '결과'가 독특한 것, 다른 사람과 다른 것이라고 답한 부분은 매우 흥미로웠다. 이는 대부분의 인터뷰 대상자들이 의식적으로, 또는 심지어 무의식적으로 '과정'보다는 창의적인 것을 만드는 '결과'에 더 관심이 있다는 걸 의미한다. 당연히 대부분의 인터뷰 대상자들은 '창의적인 것'에 대해 논할 때 다른 사람들의 검증이나 평가를 무시할 수 없다고 대답했다.

이렇게 답한 응답자의 대부분은 연령대가 20~30대인 사람들이었고, 그들보다 세상 경험이 더 많은 이들에게 '창의성'에 대한 정의를 물어보았을 때 그들의 대답은 흥미롭게도 대부분 이들과 달랐다. 한 예로 60세의 헤어 디자이너는 창의력을 "진정하게 자신을 표현하는 것"이라고 정의했다. 또 다른 82세의 치매 진단을 받은 한 여성은 "창의성은 우리 내부에서 무엇인가를 꺼내는 것"이라고 말했다. 이처럼 창의성에 대한 관점에는 세대별로 차이가 날 수 있다.

창의성에 대한 20세기 중반 전까지의 연구에서는 '창의성'이란 소수의 천재만이 가지고 있고 그들만이 창조적인 것을 만들 수 있다고 믿었다. 하지만 20세기 중반부터 오늘날까지는 누구나 무엇이든 창조할 수 있다고 생각하게 되었다. 1950년대에 조이 길퍼드Joy P. Guilford는 창의성을 지능의 일부로 간주하기도 했다. 나중에 그는 창의성을 문제 해결의 한 형태로 해석했다. 칼 융은 "창의적 본능은 모든 사람에게 존재한다"라고 주장하기도 했는데, 이렇게 창의성의 정의는 소수에게 국한된 것으로부터 일반적으로 누구나 가지고 있는 것으로 학자들 사이에서는 그 인식이 점점 변해 왔다.

매슬로는 창의성이 때 묻지 않은 어린아이들에게 원래 내재되어 있다고 믿었는데 그것은 자발적이고, 노력할 필요가 없고, 순수하고, 손쉽고, 고정관념과 진부한 생각으로부터 자유로운 특징을 갖는다고 주장했다. 그가 이야기하는 '창의성'은 인간 누구에게나 있는 것이고, 노력 없이 자기 안에서 자유롭게 꺼낼 때 보이는 것이라는 나의 믿음과도 일맥상통한다.

우리 개개인은 존재 자체가 세상에 하나밖에 없기 때문에 각각 세상에 없는 고유한 성질을 가지고 있다. 이렇게 독특한 개인마다 자신 안에 있는 것들을 단지 꺼내놓는 것 자체로 창의적일 수 있다. 그 사람의 본연의 것을 인정해주고 세상에서 마음껏 펼칠 수 있도록 해주면 되는데 많은 부모는 자녀들에게 창의력을 키우는 교육을 시키겠다고 열을 올리며 아이러니하게도 태어날 때부터 내재된 아이들의 독특함을 더 제한하고 있다. 창의력 수학, 창의력 논술, 창의력 놀이, 창의력 줄넘기 등등 많은 짐들로 아이들을 오히려 억누르는 것이다.

네 번째, 창의력 되찾기

세상의 프레임에 갇혀버린 창의성

개개인이 독특하게 태어났는데 우리는 왜 자라면서 비슷비슷한 목적을 가지고 몇 가지로 분류된 카테고리 내에서 비슷비슷한 인생을 살아가는 걸까? 그 이유는 살면서 세상이 주는 프레임 안에 갇혀버리기 때문이다. 그 프레임은 바로 외부에서 오는 평가나 기대로 만들어지는데, 사람마다 다양한 크기의 크고 작은 프레임에 갇혀 살아가는 것이다. 그러면서 자신의 내면에 무엇이 있는지 살피기보다는 외부로부터의 기대치에 맞추려고 하기 때문에 자신의 고유한 것들이 빛을 발할 수 없게 된다.

청소년들이나 대학생들한테 꿈이 뭐냐고 물어보면 선뜻 대답을 못 하는 경우를 많이 본다. 심지어 뭘 좋아하느냐고 물어도 잘 모른다고 답하는 젊은 사람들이 많다는 걸 알 수 있다. 자신이 무엇을 좋아하는지, 또 어떤 것을 원하는지 생각하기보다는 부모가 자신의 인생에서 무엇을 원하는지, 학교에서 당장 그때 자신에게 무엇을 원하는지, 사회에서 대접받고 편안하게 살려면 무엇을 필요로 하는지가 마음에 꽉 차 있기 때문에 진짜 자신은 잃어버리는 것이다. 무엇을 공부하는지보다는 어떻게든 당장의 점수를 높여서 적성에 맞는 전공보다 일단 더 좋은 학교의 아무 학과나 들어가는 게 중요하다. 또한 졸업 후에는 연봉이 높고 안정적인 직장에 들어가는 것이 자신의 흥미나 적성보다 중요한 것이다.

그리고 인생의 행복을 '워라밸'에서 찾는다. 일은 돈을 벌기 위한 것, 행복은 그 돈으로 여가 생활에서 찾는 것이다. 일은 단지 돈을 버는 수단이지 일을 하면서 행복할 수는 없다. 만약에 그 일이 돈을 가져다주지 않는다면 실패하는 것이다. 하지만 우리는 인생의 대부분을 일터에서 보내는데 그 일이 단지 돈이 목적이라면 너무 슬프지 않을까? 아이러니하게도 많은 사람들이 이렇게 살기에 '워라밸'에 목숨을 거는 것이다.

이렇게 우리는 자기 내면의 소리보다는 외부의 소리에 귀 기울이며 살아서 자신이 아닌 남도 아닌 그냥 제3의 인물이 되어 독특함이라고는 찾아볼 수 없는, 세상이 찍어낸 획일적인 공산품이 되어버리고 만 듯하다. 우리나라 사람들의 행복지수가 낮은 이유가 이런 것에서부터 기인한다고도 할 수 있다. 자신의 생각이나 감정에 솔직하기보다 남에게 보이는 것에 집중하고 살기 때문에 나도 아닌 남도 아닌 이상한 삶을 살고 있으니 행복할 리 없다.

태어날 때는 모두가 구별되어 하나하나 반짝거리며 다른 모습이었는데, 자라면 자랄수록 그 빛을 잃어버리게 되는 것이다. 우리 모두 창의성을 가지고 있어서 자신의 안에서 밖으로 꺼내놓기만 하면 되는데, 다른 것들로 덮어버려 찾을 수가 없다. 나만의 창의력을 발굴하기 위해 나의 내면을 바라보기도 모자랄 판에 남들이 하는 대로 나에게 맞지 않는 것들로 덮어버리는 우스운 일들을 계속하게 되는 것이다.

네 번째, 창의력 되찾기

당신은
이미
창의적이다

대부분의 사람은 무엇인가 특별한 자신만의 창의성을 가지고 싶어 하고, 또 어떤 사람은 그것을 위해 기꺼이 노력할 준비가 되어 있다. 하지만 당신은 이미 가지고 있다. 자라오면서 외부로부터 받아들였던 프레임을 하나씩 버리고 자신 안에 있는 것을 꺼내보자. 그것 자체로 당신은 독특하고 창조적이다. 꾸미지 말고 있는 그대로의 당신 본연의 모습을 찾아 세상을 향해 빛을 비추자.

아직 외부로부터 아무런 터치를 받지 않은 아이들이 그림 그리는 모습을 들여다보자.
"사과가 왜 네모니, 더 동그랗게 그려야지. 사과는 빨간색이야, 분홍색으로 칠하지 마" 식의 평가나 지적을 아직 접하지 않은 아이들이 그림 그리는 것을 보면 매우 흥미롭다(지금 아이들한테 이런 코멘트를 하고 있다면 일단 멈추고 이 책을 끝까지 읽어보길 바란다).

누군가로부터 어떤 평가나 지적을 받지 않은 아이들이 그림을 그리는 모습은 정말 자신감이 넘친다. 아이들이 그린 것들이 실제 사물과 전혀 닮지 않았는데도 자기는 사자, 토끼 등의 동물을 그렸다고 말하며 스스로 자랑스러워하는 표정을 짓는다. 대부분 그림을 거침없이 그려서 우리가 보기에는 아무렇게나 그리는 것처럼 보인다. 또 하나의 흥미로운 사실은 아이들은 그림 그리는 과정 자체를 즐거워하며 뭘 그렸는지, 잘 그렸는지는 별로 신경 쓰지 않는다. 심지어 아무거나 그리고는 뭘 그렸는지 물어보면 그제야 '뭘 그렸는지 정해야 하나?' 싶은 표정으로 생각나는 대로 말하는 걸 볼 수 있다. 그만큼 결과보다는 그림 그리는 과정 자체에 집중하며 즐거워한다.

그런데 이때 이 자유로움을 파괴하는 사람들이 나타난다. 굳이 '뭘 그렸냐, 그건 안 닮았는데 그거 말고 이거 그린 거 아니냐, 꼬리를 그려라, 색깔은 꼼꼼히 칠해라' 등등 각자 자신만의 빵틀을 가져와서 아이들의 자유로움을 가두고 그 빵틀 모양으로 찍어내려고 한다. 그들도 모두 그렇게 자라왔기 때문에 자신이 아는 것을 가르쳐주기 위해서다. 우리는 이렇게 대물림으로 이런 교육을 받으며 자라왔고 대부분이 이런 교육에 익숙해져 있다.

우리 모두 특히 한국 사람들 대부분이 일정한 틀 안에 박힌 교육을 가정에서나 학교에서 받아왔다. 일부 아시아 사람들의 문화가 대부분 그렇고, 멀리 유대인의 문화 또한 비슷하다. 열심히 무엇인가를 하는데, 다수의 사람이 인정하는 어떤 틀 안에서 하려고 하고, 그 틀을 벗어나는 사람들은 천재 또는 바보 취급을 한다. 항상 '우리나라 교육이 문제다'라면서 바뀌지 않는 이유는 우리만의 프레임이 무엇인지 그 실체를 파악하지 못해서다.

나는 어린 시절에 정말 심심하면 그림을 그렸다. 그런데 초등학교에 가면서 즐거웠던 그림 그리기가 스트레스로 다가오기 시작했다. 아시다시피 초등학교 때부터 본격적으로 다른 사람들이 내 그림을 평가하고 남하고 비교하기 시작한다. 심지어 늘 칭찬을 받아도 그 칭찬이란 사물을 똑같이 잘 그릴 때 받는 것을 아니까 더 똑같이 그리려고 계속해서 다시 그리게 되었다. 지금 생각해

보면 이건 뭐 노동이 아닐까 싶은 생각이 든다. 사진으로 똑같이 찍으면 될 것을…….

그런데 사진도 찍는 사람에 따라 영혼이 담겨 느낌이 다르다. 마찬가지로 똑같이 그린 그림도 똑같이 그렸지만 그리는 사람의 개인적 상태에 따라 느낌이 다르다. 렘브란트 하르먼손 판레인Rembrandt Harmenszoon van Rijn이나 얀 베르메르Jan Vermeer의 그림을 보면 사람을 사실적으로 그렸지만 느낌이 전혀 다르다. 이들은 똑같이 그리는 것, 남들의 평가를 넘어서 온전히 그 과정에 집중하여 자신의 영혼을 담았기 때문이다.

어쨌든 나는 초등학교 때부터 계속해서 내 그림에 대한 남들의 평가와 기대라는 '외부로부터의 프레임' 안에 나 자신을 가두게 되었다. 더 이상 그림을 그려도 즐겁지 않았고 스트레스를 받을 뿐이었다. 남들이 내 그림을 어떻게 평가할까에 대한 걱정은 나 자신을 온전히 그림에 담아내는 걸 막고 나 자신도 아닌, 그렇다고 다른 사람도 아닌 존재하지 않는 사람의 그림을 표현하게 되었다. 그러니 내 그림은 영혼이 담기지 않은 텅 빈 껍데기였다. 그 누구도 아닌 존재는 허구이며 가짜였으니까.

우리는 가끔 순수한 어린아이의 그림에서 편안함과 기쁨을 느낄 때가 있다. 그 그림이 온전히 그 아이의 영혼을 거짓 없이 담아냈기 때문이다. 외부의 평가로부터 자유로워지면 온전히 과정에 집중하게 되고, 그러면 누구든지 자신의 내면을 가식 없이 그림에 담을 수 있게 된다. 그리고 그런 진실한 그림은 마음의 눈을 가진 다른 사람에게 감동을 준다.

보통 어린아이의 그림은 밝고 기분 좋은 느낌이 대부분이다. 왜냐하면 그들은 그런 존재이기 때문이다. 반면에 마크 로스코[Mark Rothko]의 그림을 마주하면 깊은 슬픔이 느껴진다. 실제로 많은 사람이 그의 작품을 실물로 보게 되면 그 감정이 전해져서 그림 앞에서 울게 된다. 주로 그는 단순한 색채로 비극과 인간의 심연을 담아냈다. 나중에 세계대전 이후 유대인으로서 암울한 시대를 살았던 로스코는 결국 암울했던 그의 그림처럼 자살하게 된다. 이렇게 온전히 과정에 집중하며 진심을 표현한 그림은 그린 이의 마음을 담아낸다. 그리고 그 그림을 보는 사람들 안에 있는 비슷한 감정선을 건드려 작가가 전하려 한 감동을 느끼게 된다.

네 번째, 창의력 되찾기

누구에게나 감동을 주는 예술 작품

자신의 내면에 있는 것을 온전히 꺼내놓는 것, 그 통로는 말이나 글일 수도 있고, 그림일 수도 있고, 음악일 수도 있고, 춤일 수도 있다.

누구나 잘 알고 있는 후기 인상주의 화가인 빈센트 반 고흐Vincent van Gogh의 작품을 보면 그림이 살아 움직이는 것 같다. 누구도 따라 할 수 없는 화풍과 그의 영혼을 닮은 색감은 그가 얼마나 순수하고 어린아이 같은지 느끼게 한다. 마찬가지로 음악을 들을 때 어떤 음악은 테크닉이 다소 부족하지만 감동을 주고, 또 어떤 음악은 음악성이나 기교가 나무랄 데 없음에도 불구하고 메마른 느낌이 든다. 이는 연주자가 다른 사람에게 보여주는 것에 집중했는지, 아니면 자신만의 것을 표현하는 데 집중했는지에 따라 다르다.

내가 지적장애인, 치매 노인들과 미술심리치료를 하며 인턴 생활을 했을 때 그들은 예상을 깨고 누구보다도 아름다운 그림들을 그렸다. 그들이 남한테 보이는 것보다는 자신이 하는 것에 집중했기에 가능한 일이었다. 물론 몇몇 경증 치매환자들은 아직도 남의 눈을 의식하는 것이 남아 있어 쉽게 집중하지 못하고 자신의 그림이 남에게 어떻게 보일까에 더 신경을 써서 쉽게 그리지 못하기도 했다. 지적장애와 치매가 더 심할수록 남의 평가에 신경 쓰지 않아 더 자유롭고 독특한 그림을 그릴 수 있다는 사실은 아이러니하다.

우리가 살면서 만들어놓은 크고 작은 틀은 우리를 우리답게 나타내게 하는 것을 방해한다. 나는 그 틀을 완벽주의라는 개념 안에서 설명하고자 한다. 모두가 자신만의 틀을 깨고 나와 각자의 고유한 빛을 세상에 비추길 바란다. 그러면 이 세상은 그 다양한 빛으로 아름답게 빛날 것이다.

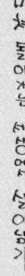

미처 돌아가지 못하고 살아남기

다섯 번째

완벽주의

완벽주의

다차원적 완벽주의 척도(MPS)

사회적인 틀로서의 완벽주의

완벽주의자들은 과정보다 결과에 집중한다

완벽주의는 창의성을 저해한다

완벽주의와 양육 스타일

다섯 번째, 완벽주의
완벽주의

우리는 모두 정도의 차이는 있으나 '완벽주의'라는 틀에 갇혀 산다고 할 수 있다. 여기서 말하는 완벽주의란 외부로부터 오는 다른 사람의 판단에 의한 일종의 프레임과 같다. 이는 우리가 태어날 때부터 다른 사람의 판단에 노출되어 외부의 자극에 익숙해져 살아왔기 때문이다. 사실 우리는 엄마 배 속에서 나올 때부터 서로 의식하지 못한 채 평가를 받는다.
"머리숱이 많네."
"코가 오뚝하네."
"몸무게가 조금 나가네."

자라면서도 의식하지 못한 채 외부로부터 비교와 평가를 당하다가 나중에는 스스로 다른 사람과 비교하기 시작한다. 다섯 살배기 딸아이가 유치원에 가기 시작하자 키가 큰지 작은지부터 누구보다 자기가 뭘 더 잘하는지 등의 온갖 비교를 하기 시작했다.

유치원에 가기 전에는 몰랐던 비교의 기준들이었다. 물론 선생님들이 대놓고 비교를 한 것은 아닐 것이다. 아마도 선생님이 누군가를 칭찬하면 아이들에게 그것이 기준이 되어 비교를 시작하게끔 이끌었을 것이다. 이렇게 우리는 살아가면서 남의 평가와 비교에 익숙해질 수밖에 없다.

남들로부터의 평가와 비교에 익숙해지다 보면 우리는 점점 '다른 사람이 나를 어떻게 생각할까'에 집중하게 된다. 그러면서 자기 내면의 소리의 볼륨을 점점 줄이게 되고, 자신이 무엇을 원하는지, 좋아하는지를 놓쳐버린다. 물론 어떤 이들은 다른 사람의 평가를 두려워하기보다는 자신이 좋아하는 것을 추구하며 산다. 하지만 소수에 불과하다. 대부분은 다른 사람의 평가 때문에 자신이 무엇을 원하는지, 좋아하는지 생각조차 안 하고 보이는 데 급급해서 내가 아닌 다른 사람의 삶을 살아간다. 이런 현상은 정보기술의 발달로 SNS를 통해 다른 사람에게 자신의 삶을 보여주고, 생각을 나누고, 또한 서로 비교하면서 점점 더 심해지고 있다.

아무튼 완벽주의는 외부 세계의 평가에 관심을 두는 것으로 시작될 수 있다. 아이가 자라서 다른 사람의 평가를 받는 것을 의식하기 시작하면서 자신과 다른 사람에 대한 어떠한 높은 기준을 만들어내게 된다. 뒤에서 다루겠지만, 여러 학자들이 완벽주의를 다음과 같이 '사회지향적 완벽주의', '자기지향적 완벽주의', '타인지향적 완벽주의'로 구분했다. 그중에서 '사회지향적 완벽주의'는 내면의 생각과 감정을 다른 사람의 평가를 의식해서 표현하는 데 두려움이나 걱정을 하는 것과 관련이 있는데, 내가 말하는 '세상이 주는 틀'과 같은 의미라 할 수 있다.

고든 플렛Gordon Flett과 폴 휴이트Paul Hewitt(2002)는 '완벽주의'를 "타인의 평가에 대해 지나치게 걱정하며, 자기 스스로 과도하게 엄격하여 흠잡을 데 없이 노력하고, 과도하게 높은 기준을 설정하는 개인의 특성"이라고 정의했다. 많은 심리학자가 모든 사람은 완벽하기를 원하며 완벽해지고자 하는 열망은 다른 사람들로부터 더 나은 평가를 받기 위한 것이라는 데 동의하고 있다. 알프레드 아들러Alfred Adler(1956) 또한 "인간의 완벽해지기 위한 노력은 자신의 부족함과 열등감에 대한 인간의 기본적인 반응"이라고 말했다.

이처럼 완벽주의는 '타인의 평가에 대한 의식', '자신에 대한 스스로의 평가', '그 평가에 대해 자유롭지 못한 정신적 스트레스'를 포함한다. 이러한 특징들 때문에 업무를 처리할 때 '완벽주의'는 그 업무의 완성도를 높이는 데 긍정적인 역할을 한다고 알려져 있다. 이러한 연유로 어떤 이들은 완벽주의가 우리 사회에 매우 긍정적인 영향을 미친다고 생각한다. 하지만 그와는 달리 '한 사람의 감정과 내면의 자유로움을 억누른다는 면에서 완벽주의는 극복하거나 경계해야 할 매우 부정적인 것'이라는 주장도 있다.

이는 완벽주의를 어떻게 정의하느냐에 따라 달라질 것이다. 실제로 다음 페이지에서 다루는 '다차원적 완벽주의 척도MPS'를 보면 완벽주의는 관점에 따라 세 가지로 구분된다. 앞서 언급한 업무 능력과 연관성이 있는 '자기지향적 완벽주의Self-oriented Perfectionism'가 있으며, 다른 사람의 시선이나 판단으로부터 자유롭지 못함으로써 나타나는 완벽주의는 '사회적으로 규정된 완벽주의Socially Prescribed Perfectionism'라 할 수 있다.

다섯 번째, 완벽주의
다차원적 완벽주의 척도(MPS)

다차원적 완벽주의 척도MPS: Multiscale Perfectionism scale는 완벽주의적 자기표현의 세 가지 측면을 평가하는 45개 항목의 측정값으로 구성된다. 세 가지 측면이란 자기지향적 완벽주의Self-oriented Perfectionism, 타인지향적 완벽주의Other-oriented Perfectionism, 사회적으로 규정된 완벽주의Socially prescribed Perfectionism를 말한다.

앞서 간단히 설명했지만, 여기서 '자기지향적 완벽주의'는 자신에게 엄격한 것과 관련이 있다. 남들이 뭐라고 하지 않아도 자기 스스로 부족한 부분을 용납하지 못하는 것이다. 반면에 '타인지향적 완벽주의'는 그 대상이 자신보다는 남에게 더 엄격한 편이다. 타인의 행동이나 생각이 자신이 정해놓은 틀과 기준에 못 미치면 견디지 못하는 것으로, 대부분 자신에게 엄격한 사람일수록 남에게도 같은 수준의 결과물을 기대하고 판단하는 경향이 있다. 마지막으로, '사회적으로 규정된 완벽주의'는 다른 사람들의 기대와 판단에 대한 걱정이 많다.

완벽주의 부분을 읽기에 앞서 부록에 첨부한 MPS를 가벼운 마음으로 체크해보길 권한다. 단, 모든 테스트가 그렇듯 절대적인 의미를 부여하기보다 참고만 하자. 결과보다는 각자 스스로 자신의 내면을 여행해보고 자기 안의 몰랐던 부분을 발견하고 이를 인정하는 것에 집중하길 바란다.

이 테스트를 완료하는 데 20분쯤 걸린다. 단, 이 MPS 테스트는 영문을 한국어로 번역해 질문을 재구성하다 보니 주의해야 할 부분이 있다. 특히 질문 문항 중 '사회적으로 규정된 완벽주의'에 관한 질문을 보면 '다른 사람들'의 정의가 명확하게 지정되어 있지 않고 그 모호함으로 인해 혼란을 야기할 수 있다. 만일 당신이 자신과 친하지 않은 타인을 전혀 신경 쓰지 않아서 질문의 '다른 사람들'을 가족이나 친구 또는 지역사회 구성원같이 매우 가까운 사람들을 떠올리며 답변을 한다면 자신에 대한 보다 정확한 결과를 얻을 수 있을 것이다.

다섯 번째, 완벽주의

사회적인 틀로서의
완벽주의

사람들은 누군가 본인에게 "당신은 완벽주의를 가지고 있다"고 말한다면 대다수는 이에 동의하지 않을 것이다.
"나는 완벽하지 않은데?",
"나는 그럴 능력도 없고 마음도 없어",
"그런 건 천재들에게나 해당되는 거 아닐까?"라며 자신과 먼 이야기라고 손사래를 칠 것이다. 이는 대부분의 사람들이 완벽주의를 '자기지향적인 완벽주의'로만 생각하기 때문이다.

이 책에서 나는 '사회적으로 규정된 완벽주의'에 조금 더 집중하고 싶다. 사람은 세상에 태어나면서부터 다른 사람의 기대와 판단에 노출되고 그 사람의 인생을 제한하는 크고 작은 틀Frame을 만들어 가두게 되는데 나는 그 사회적인 틀을 '완벽주의'라 칭하고 싶다. 물론 어떤 사람은 그 틀이 매우 커서 평소에 완벽주의로부터 자유롭다고 느낄 수 있지만, 언젠가는 그 틀에 부딪히게 될 수 있다. 그리고 어떤 사람의 틀은 너무 작아서 옴짝달싹을 못 해 항상 억눌린 느낌이 들 수도 있다. 어쨌든 우리 모두는 어떤 식으로든 자신을 가두어두는 틀을 가지고 있다. 왜냐하면 인간은 태어나면서부터 사회적인 동물이기 때문이다.

우선, 평소에도 자주 그 틀에 부딪혀 불편한 사람들에게 집중해 설명해보려고 한다.

어떤 사람들은 말을 할 때, 글을 쓸 때, 그림을 그릴 때, 춤을 출 때, 뭔가 자신을 표현할 때, 무엇인가를 만들 때, 자신의 느낌, 감정, 생각을 표현하는 데 어려움을 겪는다. 그들 중 일부는 자신이 하는 일이 옳은지 그른지 계속 확인해야 한다. 예술이나 창의적인 생각에 있어서 사실 옳고 그름은 존재하지 않는다. 하지만 그들은 자신을 표현할 올바른 답이나 올바른 방법이 있어야 한다고 여긴다. 옳고 그름의 확인이 자신의 내면에서 나오는 게 아니라 외부의 다른 사람들, 그것도 소수가 아닌 다수의 사람에게서 받아야 한다고 생각한다. 이는 그들이 자신을 있는 그대로 받아들일 수 없고, 외부에서 주어진 틀에 자신을 맞추려고 노력한다는 걸 의미한다. 아마도 그들은 자기 자신으로부터가 아니라 외부의 평가를 확인하는 데 익숙할 것이다. 또한 그들은 일반적으로 실패를 두려워하거나 다른 사람의 판단에 대해 걱정한다. 이것이 완벽주의자의 전형적인 특징이다.

미술심리치료를 하다 보면 그림을 자유롭게 그리기보다는 정해진 답이 있는 것처럼 의식해서 그리는 사람들을 많이 접한다. 선을 하나 그어도 자유롭지 못한 사람도 있고, 색을 고르거나 색이 섞이는 것에 두려움을 갖는 사람도 있다. 뒤에서 다루겠지만, 내가 미술심리치료를 할 때 나무나 집을 그리는 대신 추상화를 통한 심리치료를 하는 이유이기도 하다.

그렇다면 왜 어떤 사람들은 틀이 커서 그나마 자유로워 보이고, 또 어떤 사람들은 틀이 작아서 남들의 시선이나 판단으로부터 자유롭지 못하게 되었을까? 우선, 완벽주의(사회적인 틀로서의 완벽주의)인 사람들의 특징을 알아보자.

다섯 번째, 완벽주의
완벽주의자들은
과정보다 결과에 집중한다

상담을 하다 보면 그 사람에게서 변화시켜야 할 부분이 열 개쯤 발견되기도 한다. 그러면 그 사람은 시작도 하기 전에 지레 겁을 먹는다.

"이렇게 많은 걸 언제 다 고치나요? 평생 해도 안 될 것 같아요"
라면서.

그 사람은 한꺼번에 열 가지를 끝내고 마술처럼 자신이 바뀌길 바라기 때문에 이런 말을 한다. 한 개 하고 그다음 두 개 하고 이런 건 의미가 없다고 생각한다. 왜냐하면 열 가지가 다 안 바뀌었으니 한두 개 바뀐 정도는 그에게는 안 바뀐 거나 다름없는 것이다. 상담치료를 통해서 점차 변해가는 과정보다는 오직 결과만을 중요시할 때 이런 모습을 보인다.

이런 사람들은 말도 안 되는 것을 자신에게 가혹하게 요구하고, 또한 다른 사람에게도 그것을 기대한다. 특히 가족들에게, 부부끼리나 자식들에게……. 그들이 노력하는 과정이 아니라 결과만 주시하면서 '어? 하나도 안 바뀌었네, 틀렸어. 너는 안 되겠다'라고 생각한다. 이런 비판적인 태도는 자신뿐만 아니라 다른 사람의 의욕을 꺾어버리고 결국에는 포기하게끔 만든다.
"어차피 나는 안 돼. 어차피 너는 안 돼. 해봤는데 이게 다잖아."

과연 그럴까? 사람이 한 번에 바뀔 수 있을까? 램프의 요정 지니가 있으면 모를까, 절대 있을 수 없는 일이다. 그러니 한 번에 하나씩 변화하는 데 집중해보자. 그 하나에 집중할 때는 나머지 아홉 개는 잊는 것이다. 하나를 하면서 나머지 아홉 개를 떠올리며 '저 나머지는 언제 하지?'라고 걱정하면 지금 하는 한 개마저 집중할 수 없게 된다. 우리는 동시에 여러 가지를 모두 할 수 없고, 어차피 지금 여기서 할 수 있는 것은 주어진 일, 그 한 가지라는 사실을 잊지 말아야 한다.

우리는 성장하면서 학교에서 점수로 평가받으며 살아왔다. 그 사람의 모든 노력과 능력이 점수와 등수로 매겨지고 학교 레벨로,

직장 레벨로 평가받는 데 익숙하다. 우리가 얼마나 노력했는지, 어떤 과정을 겪었는지는 중요치 않다. 그래서 어떻게 해서든 좋은 점수, 좋은 학교, 좋은 직업을 가지려고 애쓰는 모습을 쉽게 볼 수 있다. 이 결과들이 대부분 사람들의 공통 관심사가 아닐까?

그래서 그 공통된 결과를 얻고자 모두들 각자의 재능과 다름을 무시하며 오로지 다수가 원하는 좋은 결과에 목을 매고 살아간다. 사람마다 과정이 다르고, 가는 길이 다르고, 재능이 다른데, 어떻게 공통된 결과를 위해 살 수 있을까? 그러니 사는 게 재미없어지고 원하던 대학에 가도, 원하던 직장에 들어가도 쉽게 흥미를 잃고 무기력해지기도 한다. 이것이 과정보다 결과만 중요시한 결과다.

사람의 삶은 결과들이 모여서 이루어지는 게 아니라, 결과를 이루기 위한 과정이 쌓여서 그 사람을 만들어낸다. 과정을 중요시하는 사람들은 즐겁게 일을 하며 만족도 또한 높다. 반면에 결과를 중요하게 여기는 사람들은 허무함을 쉽게 느끼고 항상 경직되어 있다.

결과에 대한 두려움은 모든 일에 있어서 시작을 주저하게 만들고 흔히들 알고 있는 '마감 증후군'을 야기한다. 더 좋은 평가에 대한 집착 때문에 머릿속으로 생각만 계속 하다가 마감 전날에 가서야 벼락치기로 하는 것이다. 그리고 나서는 시간이 더 있었으면 더 잘할 수 있었을 것이라며 아쉬워한다. 이것이 정말 시간 부족의 문제일까? 이는 생각만 하고 행동을 하지 않은 문제이다. 마치 몸이 마비가 돼서 움직이지 못하듯 고민과 걱정만 하다가 아무것도 못하는 것이다. 생각만으로는 일이 이루어지지 않는다. 일단 행동에 옮기고 무엇인가에 부딪히면 다시 고치고 또 수정하고 행동해야 한다. 머릿속으로 모든 경우의 수를 생각하고 대비해도 실천하지 않으면 아무 일도 일어나지 않는다는 걸 잊지 말자.

다섯 번째, 완벽주의
완벽주의는
창의성을 저해한다

앞서 이야기한 창의성을 저해하는 것도 바로 '사회적인 틀로서의 완벽주의'이다. 일부 연구도 이 아이디어를 뒷받침한다. 니콜라스 갈루치Nicholas Gallucci와 그의 동료들(2000)은 완벽주의가 '실패에 대한 두려움'에서 비롯된다고 주장했다. 창의적인 사람들의 행동은 외부의 평가에 의존하기보다 자신만의 내재적 보상에 의해 결정되는 만큼 목표나 결과에 집중하는 것은 창의성을 저해할 수 있다. 실패에 대한 두려움이 위험 감수, 새로운 것을 경험하는 개방성, 새로운 것을 추구하는 특성을 억제할 수 있다는 걸 보여주는 연구들이 있다(Eysenck, 1993; McCrae, 1987). 외부의 평가가 어떤 일을 할 때 두려움을 주고 그 두려움으로 인해 작업에 몰입하는 것을 방해하는 것이다.

특히 작품을 만들 때 대부분은 다른 사람들이 자신의 작품을 평가하는 걸 걱정하기 때문에 결과에 대한 두려움을 가지고 있다. 많은 연구자들이 이러한 심리 현상을 연구하고 신경증적 완벽주의, 부적응적 완벽주의, 부정적 완벽주의 등 다양한 이름으로 이를 설명했다.

흥미롭게도 스테판 조이Stephen Joy와 수잔 힉스Susan Hicks(2004)는 완벽주의와 창의성 사이의 잠재적인 관계를 탐구했다. 그들은 높은 수준의 완벽주의가 창의적인 성과에 부정적 영향을 미치는 것을 발견했다. 창의성과 완벽주의 사이의 부정적인 관계는 소위 천재라고 일컬어지는 개개인에서도 발견되었다(Gallucci, Middleton, & Kline, 2000). 또한 MPS를 도입한 플렛과 휴이트에 따르면 완벽주의는 스트레스, 불안, 실수에 대한 우려(Flett & Hewitt, 2002) 등 다양한 요인과 관련이 있으며, 이 모든 요인들도 역시 창의성을 저해하는 것으로 밝혀졌다(Curl, 2008; Zhang, 2009).

대부분의 사람들은 창의성은 자유로움에서 나온다는 말에 동의할 것이다. 그 자유로움은 나를 제한하는 틀이 없을 때 가능하다. 제한하는 틀이란 외부에서 오는 다른 사람의 평가에 대한 걱정과 두려움으로부터 야기된다. 즉 완벽주의, 사회적인 틀이 작을수록 사람의 창의성은 더더욱 제한된다. 왜냐하면 자신만의 독특함은 마냥 자유로울 때 표출되기 때문이다.

자신만의 독특함을 찾고 싶은가? 우선 자기 안에 있는 외부의 평가에 대한 두려움부터 깨버려라. 그러면 분명히 이렇게 말하는 사람들이 있을 것이다.
"선생님의 평가가 나의 대학 진로에 영향을 끼치는데 어떻게 무시해요?"
"교수의 평가가 나의 졸업 후 진로에 영향을 끼치는데요?"
"내 상사의 평가가 내 승진을 결정하는데요?"

우리는 이런 두려움과 걱정으로 여태까지 질질 끌려온 것이다. 내 안에 뭐가 있는지도 모른 채 외부의 눈치를 보느라 급급해서 나 아닌 다른 사람이 되어 있는 것이다.

당신이 진정한 자신의 모습을 찾는다면 남과 다른 당신만의 길을 찾을 수 있다. 그 길은 어떤 카테고리에도 속하지 않는 당신만의 길일 것이고, 당신이 자신 안의 것을 믿고 온 마음으로 그 길을 찾는다면 당신의 두려움은 어느새 설렘과 흥분으로 바뀔 것이다.

다섯 번째, 완벽주의

완벽주의와
양육 스타일

우리나라 사람들과 유대인들에게서 관찰되는 독특한 국민성이 있다. 미국의 초등학교에 가면 교사들이 놀라는 부분이 바로 유대인과 한국 아이들의 학업 성적, 특히 수학 과목에서 다른 어느 나라보다 월등한 성적을 보인다는 점이다. 문학이나 음악이 아닌, 정답과 오답이 명확하게 갈리는 분야에서 탁월한 우수성을 나타내는 것이다. 이는 과정보다 결과를 중시하는 사회적 분위기에서 기인한다고도 볼 수 있다.

우리는 행동이나 사고가 자유로운 사람들을 보면 흔히들 '아메리칸 스타일'이라며 부러움 섞인 농담을 던지곤 한다. 그만큼 우리 사회가 만들어놓은 규범이나 틀이 존재한다는 걸 반증한다. 그렇다면 이러한 틀은 누가 만들었을까? 유교적 사상에 기반을 둔 우리나라의 교육과 유대교에 근간을 둔 유대인의 양육 방식은 엄격하기로 소문나 있다. 우리가 사는 이 땅에서는 서로들 비슷해서 잘 모르지만, 해외에서 생활하다 보면 학교나 다른 가정의 교육 방식이 매우 다르다는 걸 알 수 있다.

그렇기 때문에 완벽주의는 또래나 학교 교사 등의 사회적 요인의 영향을 받지만 그중에서도 부모의 양육 방식이 차지하는 비중이 크다는 걸 누구도 부인할 수 없을 것이다.

앤지 밀러Angie Miller(2012)는 능력과 성취도가 높은 청년들을 통해 가정의 양육 방식, 완벽주의와 창의성 간의 잠재적인 관계를 연구했다. 이 연구는 중서부 대학에 재학 중인 우등생 323명을 대상으로 한 데이터로, 관용적 양육을 받은 학생들이 다른 학생들보다 창의성이 높았고, 권위주의적 양육을 받은 학생들은 사회적으로 규정된 완벽주의가 높게 나타났다. 또한 이 연구에서도 권위주의적인 양육 방식이 자녀의 창의성을 억누르는 것으로 밝혀졌다.

더 이상 설명하지 않아도 우리나라의 결과 위주의 양육 방식이 왜 우리를 더 좁고 단단한 틀 안에 가두게 되었는지 이해가 되었으리라 믿는다.

과정보다 결과를 중시하는 양육 방식과 함께 우리를 다른 사람의 평가로부터 자유롭지 못하게 하는 또 다른 요인은 낮은 자존감으로 인한 '열등감' 때문이다. 그 열등감 때문에 사회적으로 규정된 완벽주의가 생겨났으며 그 틀 안에 갇혀 창의성을 잃어버린 것이다. 그래서 다음 장에서는 열등감의 근본적인 원인과 극복 방안에 대해 다루고자 한다.

여섯 번째

열등감

누구나 열등감은 있다

공격적 열등감

수동적 열등감

양육 방식에 따른 열등감 형성

권위주의적인 양육 방식

과잉보호형 부모

자유방임형 부모

열등감을 극복할 수 있게 도와주는 양육 방식

여섯 번째, 열등감
누구나
열등감은 있다

우리는 이 세상에 나오는 순간부터 다른 사람과의 관계 속으로 들어간다. 이 세상에서 우리는 필연적으로 타인과 비교를 당할 수도 있고, 스스로 타인과 자신을 비교할 수도 있다. 인간은 사회적 존재이며 항상 더 나은 상태를 추구하는 존재이기 때문이다. 이런 과정에서 우리는 누구나 열등감을 가지게 된다. 아들러 또한 인간은 불완전한 존재로서 누구나 어떤 면에서 열등감을 느낀다고 보았다. 심지어 그는 "인간이 된다는 것은 자신이 열등하다는 걸 느끼는 것을 의미한다"고 말했다.

이처럼 누구나 열등감을 갖고 있지만 누구나 그 열등감을 극복하는 건 아니다. 건강한 사람은 자신의 부족한 점을 직면하고 인정하는 것부터 시작하여 극복하거나, 다른 사람은 갖고 있지 않은 자신만의 강점을 찾아 자기완성을 이루어간다.

반면에 어떤 사람들은 열등감에 사로잡혀 이에 지배받는 상태에 이르는데 이를 '열등감 콤플렉스'라고 한다. 아들러는 열등감 콤플렉스란 열등감을 핑계로 주어진 일에서 도망치는 것이라 설명했다. 열등감을 거울 삼아 오히려 지기 싫어 노력하는 사람은 열등감은 갖고 있지만 열등감 콤플렉스는 없다는 것이다. 하지만 열등감 콤플렉스를 가진 사람은 자기 안에 누구도 건드릴 수 없는 단단한 것이 내재된 걸 모른 채 항상 다른 사람에게서 보이는 것에 집착하곤 한다.

여섯 번째, 열등감
공격적
열등감

열등감에 지배를 받는 사람은 의식적이든 무의식적이든 끊임없이 남과 자신을 비교한다. 그러면서 자신의 부족함에 스스로 상처받고 남들보다 우월해지고 싶어서 강박적으로 행동한다. 또한 인생에서 어려운 과제에 부딪혔을 때 남 탓이나 상황 탓을 하며 도망치는 모습을 자주 보인다. 그런 상황에서 자신이 열등감을 느낀다고 솔직히 말하는 사람은 별로 없을 것이다. 오히려 우월감을 드러내며 다른 사람 탓을 하기 쉽다.

이런 사람들은 자신의 부족함을 감추기 위해 타인을 무시하고 약자를 억압한다. 수시로 남을 깎아내리며 비판하고 공격을 일삼는다. 또한 남들에게 그럴듯하게 보여야 하므로 허풍과 과장이

지나치다. 남들과 다른 자신만의 특별한 능력이 있다고 으스대거나 다른 사람의 말은 듣지 않고 모든 대화를 주도하려고 한다. 이런 모든 행동은 그들이 실제로 강해지는 것이 아니라, 그저 '강해 보이는 데 집중'하는 것일 뿐이다.

정말 자신감이 있는 사람들은 이를 과시할 필요를 못 느낀다. 남들 앞에서 우월감을 드러낸다는 것은 열등감을 느낀다는 반증이다. 그래서 아들러는 '우월 콤플렉스'는 또 다른 형태의 '열등 콤플렉스'라고 말한 바 있다.

요즘은 SNS를 통해 자신이 입는 것, 먹는 것, 가는 곳을 자랑하는 사람이 넘쳐난다. 타인에게 우월해 보이고 싶고 자신을 부러워하게 하고 싶은 이유가 대부분일 것이다. 하지만 남들이 자신을 그렇게 봐주고 부러워한다고 진짜 행복한 삶이 되는 걸까?

만약에 그런 소셜미디어를 통해 자신이 갖지 못한 것 때문에 열등감을 느끼며 상처를 받는 분이 있다면 그럴 필요 없다. 늘 좋아 보이는 그들도 나름의 아픔이 있게 마련이니, 상대적 박탈감이나 외로움에서 벗어나는 것이 좋겠다.

여섯 번째, 열등감
수동적 열등감

공격적인 열등감 콤플렉스와 달리 매사 주눅이 들어 사는 수동적 열등감 콤플렉스를 가진 사람들도 있다. 이런 유형은 자신의 활동 범위를 한정함으로써 성공을 향해 전진하기보다 패배를 피하는 데 몰두한다. 패배하는 걸 두려워하거나 심지어 자신이 패배하는 데 익숙해져 실패를 당연한 것으로 여기기까지 한다. 자신을 굉장히 과소평가하며 새로운 일은 시도조차 하지 않는 특징을 갖는다. 어쩌다 난관에 부딪히면 앞으로 나아가기를 망설이며 꼼짝하지 않거나 오히려 뒷걸음질을 쳐버리고 만다.

일반적으로 사람들은 좀 더 나은 것을 추구하며 성취감을 통해 자존감을 쌓아간다. 하지만 수동적 열등감을 가진 사람들은 각

개인이 다 다르다는 이유를 들며 "저 사람은 원래 잘났고, 나는 저렇게 될 수 없어"라며 자신을 작은 틀 안에 가두어버리고 움직이지 않는다. 도전을 통해 성취감을 맛볼 기회가 없기 때문에 열등감에서 빠져나오기가 더 어려운 것이다.

이들은 공격적인 열등감을 가진 유형과는 달리 타인을 공격하거나 비판하지 않는다. 대부분이 자신의 목소리를 낮추고 다른 사람의 의견에 따르는 편이다.

이런 사람들은 또한 대부분이 도전을 안 하고 회피하기 때문에 게을러 보인다. 하지만 이들의 문제는 '게으른 것'이 아니라 '갇혀' 있는 것이다. 그러니 게으르다고 다그치는 대신, 조금씩 아주 작은 일부터 할 수 있게 도와주고 이를 통해 성취감을 느끼며 자존감을 높여갈 수 있도록 해야 한다.

여섯 번째, 열등감
양육 방식에 따른
열등감 형성

내면의 열등감을 극복하는 사람과 열등감에 지배를 받는 사람의 차이는 대부분 어렸을 때 받아온 양육 방식의 차이에서 기인한다. 아들러에 따르면 4~5세 때까지 형성된 생활양식은 이후에 거의 변하지 않으며, 한 개인이 어떻게 인생의 장애물을 극복하고, 문제의 해결점을 찾아내며, 어떠한 방법으로 목표를 추구하는지에 대한 방식을 결정해준다고 한다.

사람들은 대개 어린 시절을 잘 기억하지 못하다 보니 자신의 심리적 상처나 문제점이 자기가 기억하는 순간부터 가능한 것이라고 착각하는 경우가 많다. 하지만 내면의 상처나 열등감은 대부분 유아기 때 부모로부터 야기된 것임을 알아야 한다. 그렇기 때문에 부모의 양육 방식은 그 아이에게 있어 일생의 삶과 다른 사람과의 관계에 대한 태도를 결정할 정도다.

여섯 번째, 열등감
권위주의적인
양육 방식

부모가 자녀를 지배하고 통제하는 권위주의적 양육 방식 아래서 자란 아이는 부모로부터 칭찬보다는 지적을 많이 받으며 살아왔기에 자존감은 낮고 자존심만 높을 수 있다.

권위주의적인 양육 방식을 지닌 부모는 자녀에 대한 칭찬에 매우 인색하며, 교육에 중점을 두고 일방적인 비판과 지적을 주로 한다. 이런 양육 방식 안에서 자라온 아이들은 이 과정에서 받은 상처 때문에 부모의 인정을 받고 싶어 강박적으로 노력하게 되고, 성인이 되어서도 다른 사람들에게 인정받고 싶어 하는 욕구가 강하다.

그들은 대부분 자신이 뭘 좋아하고 원하는지 생각해보지 않고 다른 사람에게 인정받기 위해 눈치를 보며 살아왔기 때문에 무슨 일을 하든 만족감이나 행복감이 굉장히 낮다. 또한 자신이 세운 목표보다는 사회에서 좋게 평가하는 직업을 고르고, 끊임없이 자격증을 따거나 대학 졸업 후 뚜렷한 동기가 없음에도 석사나 박사 과정까지 이수하려고 한다. 내면보다는 겉으로 보이는 타이틀을 중요시하기 때문이다.

또한 자신보다 약해 보이는 사람을 자신이 받았던 것처럼 지배하고 통제하려고 한다. 그 통제 대상 대부분은 결혼 후 자신의 배우자나 자녀가 될 확률이 높다. 대화하는 데 익숙하지 않기 때문에 그들이 하는 말의 대부분은 지시적이거나 비판이 주를 이룬다. 이런 태도로 인해 가정에서 소속감을 느끼지 못하고 혼자 외로워할 수 있다. 안타깝게도, 우리나라의 권위주의적인 양육 환경에서 자란 지금의 많은 50대 이상 가장들이 이런 모습이 아닐까 생각해본다.

이들은 자신의 자녀를 똑같은 권위주의적인 태도로 양육하기 때문에 그 자녀 또한 비슷한 유형의 사람이 될 확률이 높다. 그래서 이런 양육 방식의 문제점을 알고 이 악순환의 고리를 끊어버리는 게 중요하다.

그러나 단순히 양육 방식만을 고치려고 한다면 절대로 건강한 변화를 이끌어낼 수 없다. 한 사람 한 사람의 내면을 들여다보고 상처와 연약함을 발견하고 이를 인정하고 치유하는 본질적인 접근이 먼저 수반되어야 할 것이다.

여섯 번째, 열등감
과잉보호형 부모

자녀를 과잉보호하는 부모 밑에서 자란 아이는 '세상에서 자신이 가장 중요한 존재, 자신이 의도하는 것은 모두 이루어져야 한다'는 전제 아래 인생을 살아간다. 엄마 아빠에게 응석을 부리면 자신이 원하는 것을 얻을 수 있었기 때문에 가정 밖에서도 똑같은 것을 기대하게 된다.

하지만 가정에서 벗어난 사회에서는 부모에게 써왔던 응석이나 고집부리기가 통하지 않는다. 가정 안에서는 통했던 행동이 학교나 직장에서는 오히려 어려움에 부딪히게 만든다. 사회에서는 타인을 배려하고 이해하는 조화로움이 필요한데 항상 받는 데만 익숙하고 베풀 줄 모르는 상태로는 어디서도 환영받기 힘들게 마련이다.

이런 반복적인 적응력의 결여로 인해 가정 밖에서 다른 사람들로부터 거부를 당할 수 있고, 심지어 문제가 있는 사람으로 취급받기도 한다. 이런 식의 사회적 배척은 열등감을 야기할 수 있다. 계속 응석만 부리는 아이는 언젠가 홀로 서야 할 때 큰 좌절감을 겪게 될 것이다. 그리고 이 좌절감 또한 내면에 열등감으로 쌓일 것이다.

요즘은 예전보다 불임이 많아지고 민주적인 가정환경에 관심을 갖게 된 이유로 자녀를 귀하게만 키우는 부모가 많아졌다. 공공장소에서 자녀가 다른 사람에게 방해가 되는 행동을 해도 아이 기죽이기 싫다며 적절한 제지를 하지 않는가 하면, 자녀가 불법적인 일을 해도 처벌해 교화하기보다는 무조건 감싸는 경우가 허다하다.

자신의 자녀가 죽을 때까지 가정 안에서만 보호받으며 살아갈 수 있다면 아무 문제 없겠지만 세상은 그럴 수 없다는 걸 알 것이다. 자녀를 사랑한다면 부모에게뿐만이 아니라 어디에서든 사랑받을 수 있는 사람으로 키우는 것이 다른 사람들과 건강하게 어울려 살 수 있게 해주는 길이다. 자녀들이 어디서나 환영받고 다른 사

람들과 어우러져 살아간다면 자연스레 자존감은 높아질 터이고 열등감은 극복하게 될 것이다

여섯 번째, 열등감

자유방임형 부모

부모의 양육 방식이 자유방임형 혹은 태만형일 경우 자녀에 대한 관심은 거의 없고 자녀에게 충분한 사랑 또한 줄 수 없는 경우가 대부분이다. 당연히 자녀들은 부모로부터 충분한 사랑과 관심을 받지 못해 자존감이 낮고 문제에 부딪혔을 때 피하기만 한다. 어려움 속에서 한 번도 도움을 받아본 적이 없다 보니 할 수 있는 거라고는 회피밖에 없기 때문이다.

이런 아이들은 무슨 일도 시도하지 않고 불평만 하게 된다. 그리고 실패한 경우에는 상황 탓이나 다른 사람들 탓으로 돌리며 자신을 사회적으로 고립시킨다. 매사에 소극적이며 부정적인 태도를 보이고 인생을 지겹게 여긴다. 별 탈 없이 자연스럽게 삶을 헤쳐나가는 다른 사람들의 모습을 통해 열등감을 느낀다. 그들의 노력하는 과정보다는 원래 그들이 가지고 있는 환경을 부러워하며 자신도 그런 상황이었으면 잘되었을 거라고 생각한다. 스스로 노력하기보다는 주어진 상황을 탓하는 것이다. 자신의 삶을 이끌어가는 주인은 자신이 아니라 외부의 어떤 보이지 않는 힘으로 결정된다고 보기 때문에 자신의 노력이나 다른 사람의 노력하는 과정은 별것이 아니라고 여긴다.

이런 맥락에서 흙수저, 금수저 이야기가 나오는 것이다. 소위 말하는 흙수저 출신 중에서도 포기하지 않고 피나는 노력으로 남들이 부러워하는 성공 신화를 이루어낸 사람이 많다. 유명인 가운데 흙수저 출신이 많은 게 사실이다. 이들은 남 탓, 상황 탓을 하지 않고 자신이 할 수 있는 일에 집중하며 좌절하지 않고 자신만의 삶을 만들어간 것이다.

하지만 자유방임형 부모 밑에서 자란 아이들은 이런 성공 신화를 이루어낸 사람들은 운이 좋거나 아주 특별한 존재라고 생각해 그들의 노력 과정을 자신에게 적용할 생각을 못 한다. 오직 성공의 결과만을 보며 부러워할 따름이다.

이들에게는 무엇보다 부모로부터 받지 못한 지지와 관심이 필요하다. 그런 신뢰 관계가 쌓인 후에 작은 일부터 몰두하게 도와주며 결과보다는 과정의 중요성을 알게 해야 한다. 그러면서 작은 성취감을 통해 자존감을 점차 회복하는 것이 필요하다.

여섯 번째, 열등감

열등감을
극복할 수 있게
도와주는 양육 방식

그렇다면 가장 바람직한 부모의 양육 방식은 무엇일까? 자녀에게 문제가 생길 때마다 부모가 해결해주면 그 아이는 어떤 문제에 부딪혔을 때 스스로 해결하는 방법을 몰라서 좌절을 겪을 것이다. 반대로 자녀에게 문제가 있는데도 관심을 두지 않고 내버려둔다면 아이는 인간에 대한 신뢰 부족으로 자신을 사회로부터 고립시키는 사람이 되기 쉽다.

현명한 부모라면 어떻게 해야 할까? 현명한 부모는 자녀에게 문제가 생겼을 때 그 문제를 직면하게 도와주고 스스로 해결책을 찾도록 옆에서 가이드를 해주어야 한다. 물론 부모는 해결 방법을 쉽게 알 수도 있고 직접 해결해줄 수도 있을 것이다. 하지만 인내심을 가지고 아이 스스로 해결 방법에 도달할 수 있게 유도하며 시간을 줄 수 있어야 한다. 이런 식으로 문제를 해결하게 되면 아이는 스스로 해냈다는 데 집중할 것이고 성취감을 느끼며 용기를 갖게 될 것이다.

현명한 부모는 누구에게나 문제나 열등감이 생길 수 있다는 걸 자녀에게 알려주고, 자녀 스스로 자신의 연약함을 인정하고 받아들일 수 있게 도와주어야 한다. 필요하다면 부모의 열등감이나 연약함을 솔직히 이야기하고 극복한 방법이나 아니면 아직 극복하지 못한 부분까지 솔직히 나누면 자녀에게 많은 도움이 될 것이다.

자녀에게 문제가 발생했을 때 야단을 치기보다는 그 원인과 앞으로 어떻게 극복할 것인지 해결 방법을 스스로 찾도록 도와주어야 한다. 실패했을 때도 꾸짖지 말고 앞으로 어떻게 극복할지 도와주고 아이가 스스로 극복하는 동안 옆에서 기다리며 지지해주어야 한다.

또한 현명한 부모는 자녀가 스스로 원하는 것이나 좋아하는 것이 무엇인지 찾아낼 수 있도록 이끌어주어야 한다. 하지만 요즘 부모들은 자녀의 사회적인 성공을 바라며 자신이 원하는 것을 아이들에게 주입하는 경우가 많은데 이는 절대 경계해야 할 태도다.

부모는 자녀가 이런 자기완성을 이루는 과정에서 타인을 이해하고 배려할 수 있게 가르쳐야 한다. 그러면 당신의 자녀는 자기수용적인 태도를 지닌 성숙하면서도 심리적으로 건강한 어른으로 자랄 것이다. 동시에 자신의 욕구뿐만 아니라 타인의 욕구까지 충족할 수 있도록 배려하는 사회에 꼭 필요한 사람이 될 것이다.

하지만 당신은 그렇게 살아왔는가? 만약 자신은 그렇게 살아오지도 않았고 그런 변화를 시도조차 해보지 않았다면 이론만으로는 자녀에게 절대 가르칠 수 없을 것이다. 당신의 사랑하는 자녀를 위해 지금 당장 자신부터 그렇게 살아보는 것이 어떨까?

"나는 틀렸으니 너라도 그렇게 살아라."
이런 어리석고 말도 안 되는 소리는 집어넣고 지금 당장 일단 마음을 먹어보자. 1부터 10까지 한꺼번에 다 고치려 하지 말고, 한 번에

한 개씩 변화하는 과정 자체에 집중하자. 그리고 그 과정을 솔직하게 자녀와 공유한다면 당신의 아이들은 어느새 변해 있을 것이다. 포기하지 마시라. 이 책을 다 읽고 이해한다면 그렇게 될 것이다. 시간의 문제가 아니라, 마음먹기에 달린 문제다.

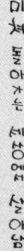

일곱 번째

완벽주의로부터 자유로워지기

완벽주의로부터 자유로워지기

과정 자체를 즐기는 몰입감

창의적인 과정은 우리를 치유로 이끈다

일곱 번째, 완벽주의로부터 자유로워지기
완벽주의로부터
자유로워지기

우리가 태어날 때부터 원래 우리 안에 내재돼 있던 창의성을 되찾기 위해서는 살면서 우리 안에 만들어놓은 '완벽주의'로부터 자유로워져야 한다. 그러려면 다른 사람의 평가에 신경 쓰기보다 자기 내면의 울림에 귀 기울여야 한다. 내가 무엇을 원하는지, 어떤 것을 편안해하는지를 따라가다 보면 자신만의 것을 찾아낼 수 있다. 물론 하루아침에 되지는 않을 것이다. 그렇다고 시작도 안 한다면 그거야말로 완벽주의에 완벽히 사로잡혀 있는 것과 같다.

어떤 일을 할 때 가장 중요한 것은 무엇이든 시작을 하는 것이다. 무슨 일이든 시작을 못 하는 사람의 대부분이 자신의 결과가 남들에 의해 '틀렸다', 실패했다'고 평가될까 봐 두려워한다. 대화할 때 말을 잘 하지 않는 사람의 대부분은 자신이 말하는 것이 틀릴 수 있다고 걱정해 상대방에게 상처를 줄까 봐, 또는 자신이 수치를 당할까 봐 두려워서 생각만 하다가 입 밖으로 내뱉지 못하는 경우가 많다.

물론 살다 보면 결과적으로 우리의 선택이 틀렸을 수도 있다. 하지만 그것을 아는 방법은 시작을 해보는 것밖에 없다. 또한 내가 선택하지 않은 쪽이 더 좋았다는 걸 깨닫는 경우 대부분의 사람은 '실패' 혹은 '틀렸다' 말하겠지만 과연 정말 그럴까? 과정보다 결과를 중시하는 완벽주의자라면 자신이 경험한 소위 '실패'라는 경험에서 아무것도 얻은 게 없을 것이다. 하지만 결과보다 과정을 중시하는 사람에게는 남들이 아무리 '실패'라고 말해도 그 경험이 자신을 성장시켜준 유익한 과정이었을 것이다. 그리고 그 사람은 바로 그 경험에서 얻은 통찰력을 바탕으로 또 다른 길을 걸어갈 것이고 계속해서 어려움이 생길 때마다 도전을 해나가며 살 것이다.

결과보다 '과정'에 집중하면 실패를 두려워하지 않게 되고 언제든 주저하지 않고 용감하게 시작할 수 있다. 그리고 이런 도전들이 그 사람에게 설렘을 주고 모든 것들을 즐기게 해줄 것이다. 과정 자체를 즐기며 어떤 일에 몰입하는 것은 그 사람의 있는 그대로를 밖으로 표현하게 하고 그 결과는 당연히 창의적일 수밖에 없다.

'과정'에 집중하기 위해서는 남들의 시선으로부터 자유로워져야 한다. '틀렸다' 또는 '실패했다'는 말을 듣는 것이 두려운 이유는 사실 남들이 자신을 어떻게 생각할지 두려워하기 때문이다. 만약 무인도에서 아무도 자기를 보지 않고 신경을 안 쓴다면 아무리 실패한들 무슨 상관일까? 아마도 필요하다면 될 때까지 계속할 것이다. 이렇듯 결과보다는 과정에 집중하기 위해서는 우선 남의 시선으로부터 자유로워져야 한다.

일곱 번째, 완벽주의로부터 자유로워지기
과정 자체를 즐기는 몰입감

어린아이에게 그림 그리기는 놀이와 같다. 아이들은 즐겁게 그릴 뿐이고 누군가 자신의 그림을 평가한다는 사실에는 관심이 없다. 온전히 그림 그리는 과정 자체에 몰입하는 것이다. 이런 연유로 아이들의 그림은 더없이 독특하고 창의적이다. 우리도 종종 어떤 작업을 할 때 다른 것을 잊어버린 채 그 과정에만 몰두해 즐거움을 느끼곤 한다. 앤 패리스Anne Paris(2008)는 창의력이란 불확실성과 연약성을 극복해야 하는 몰입감을 경험하는 데서 나온다고 말하기도 했다.

마찬가지로 롤로 메이Rollo May(1975)는 진정한 창조성은 '만남'의 행위를 포함한다고 했다. 여기서 '만남'이란 외부와는 상관없는 어떤 내적인 경험이라고 정의했다. 우리가 어떤 일에서 '몰입'을 경험한다면 다른 사람들이 우리를 평가하는 것에 대한 두려움과 관계없이 과정에 집중하며 우리의 내면을 탐구하게 될 것이다.

그런 점에서 '즐거운 놀이'는 우리를 즐겁게 하고 그 과정에 몰두하게 하여 두려움 없이 자유롭게 자신을 표현할 수 있게 한다(Bateson & Martin, 2013). 즐거운 놀이를 통해 우리는 다른 사람의 결과와 판단에 신경 쓰지 않고 그 과정 자체를 즐길 수 있다. 다른 사람에게 좋은 결과를 보이기 위해 신경 쓰며 작업하는 것보다, 남의 눈을 의식하지 않고 과정 자체에 몰두한 결과가 더 좋다는 것을 발견할 것이다.

볼프강 아마데우스 모차르트Wolfgang Amadeus Mozart, 파블로 피카소Pablo Picasso, 토마스 쿤Thomas Kuhn 같은 사람들은 그들의 분야에서 독보적인 존재인 동시에 매우 유쾌한 성격의 소유자였다. 이들은 작품을 즐기면서 자유자재로 자신을 작품 안에 표현했으며 심지어 작품에 유머까지 담아내는 여유로움이 넘쳤다. 모두가 남의 평가보다는 과정 자체에 몰두해 즐기면서 나온 결과물이다.

결과보다는 과정에 집중하는 것은 교육과 코칭에서 강조되어야 한다. 나단 바버Nathan Barber(2014)는 교실에서 결과보다는 과정에 집중하는 것의 이점을 강조했다. 그는 과정에 집중하면 아이들의 성장 마인드를 키울 수 있고, 학생 중심의 환경을 조성하고, 학생들의 스트레스를 줄이는 등 학생들에게 여러 가지 이점이 있다고 말했다. 그러나 상당수의 우리나라 학부모와 학생들은 이러한 과정보다는 결과를 학습의 진정한 지표라고 믿기 때문에 여전히 성적과 점수만을 좇아 엄청난 시간과 에너지와 돈을 소비한다.

"결과가 나쁜데 어떻게 즐길 수 있나요?"
이렇게 질문한다면 혹시 과정을 즐기지 못해서 결과가 나쁜 것은 아닐까 생각해보자.

제임스 클리어James Clear(2013)는 창의성에 대한 자신의 신념을 다음과 같이 말했다. "창의성에 대한 한 가지 간단한 진실은 내면에 탁월함이 있다는 것이다. 하지만 그 과정 자체에 집중할 때, 자신을 끌어낼 용기와 힘을 찾을 수 있을 때만 가능하다." 그 또한 창의성은 모든 사람에게 존재한다고 생각했으며, 우리가 과정 자체에 집중하면 내면의 창의성이 드러난다고 강조했다.

그러므로 우리는 남들이 어떻게 평가할지 걱정하기보다는 과정 자체에 몰두하며 즐기는 태도가 필요하다. 그렇기 때문에 아이들이 어릴 때부터 이런 과정을 즐길 수 있도록 부모들이 도움을 주어야 한다.

일곱 번째, 완벽주의로부터 자유로워지기

창의적인 과정은
우리를 치유로 이끈다

모든 사람은 저마다 독특하고 제각기 다르다. 이는 각 사람이 그 자체로 위대한 창조물이기 때문이다. 따라서 자신을 진정으로 자유롭게 표현하는 것만으로도 창의적인 과정이라 할 수 있다. 많은 부모들이 창의성을 길러주는 육아법과 교육법을 찾아 헤매고 있는데, 정작 해답은 우리 안에 있다니 참 아이러니하다. 이것저것 터치하지 않고 가만히 내버려둔다면 우리는 그 자체로 세상 어디에도 없는 창의적인 사람이 될 수 있다. 아니, 창의적인 사람으로 남아 있게 되는 것이다.

우리의 내면을 표현하는 창의적인 과정, 또는 우리의 개인적인 생각, 감정, 동기, 마음, 정체성을 구성하는 내면의 영역을 드러

냄으로써 사람들을 치유로 이끌 수도 있다. 하지만 내면을 자유롭게 표현하는 데 어려움을 겪는 사람들이 많다. 그들이 내면을 자유롭게 표현하지 못하는 이유는 그들의 창작 과정이 앞서 말한 '완벽주의'에 의해 방해를 받기 때문이다. 이 완벽주의는 태어난 이후로 다른 사람들의 판단과 평가에 의해 형성됐다.

사람들은 자신의 생각과 감정을 표현하려고 할 때 다른 사람의 판단에 쉽게 영향을 받는다. 다른 사람의 판단에 대한 이러한 두려움이나 우려는 궁극적으로 완벽주의를 만들 수 있으며, 이는 사람마다 정도와 심각성이 다를 수 있다. 이 완벽주의는 특정 육아 방식이나 교육 방식에 의해 더욱 형성될 수 있다.

나는 슬프게도 미술치료를 진행하는 과정에서 많은 사람들이 완벽주의로 인해 자신의 내면에 집중하지 못하는 모습을 목격했다. 그들은 심리치료 목적으로 그림을 그림에도 불구하고 남이 잘 그렸는지 못 그렸는지 평가할까 봐 두려워했다. 그것은 완벽주의자들이 대부분 과정보다 결과에 관심이 있기 때문이다.

그래서 미술심리치료 과정 중에 처음부터 눈을 감고 그리게 한다든지 특정 형태가 없는 추상화를 그리게 하는 방식은 내담자의 결과에 대한 두려움을 감소시키고 과정에 집중할 수 있게 도와준다. 추상미술 그리기는 어떤 특정한 형태를 그리는 것이 아니기 때문에 그 결과가 상대적으로 객관적인 평가에서 자유롭다. 이런 점은 내담자가 과정에 집중할 수 있도록 하는 데 도움이 된다.

내담자가 과정에 온전히 집중하면 그들은 내면을 솔직히 그림에 담을 수 있게 되고 그 결과물은 어떤 것도 닮지 않은 창의적인 것이 된다. 이런 창의적인 과정과 결과물은 내담자에게 성취감을 느끼게 하고 자존감을 높여준다. 이런 과정들이 내담자를 치유로 이끌어준다.

많은 미술심리치료사들은 창의적인 과정을 통해 이러한 자기 스스로의 치유 기능에 초점을 맞춘다. 그들은 미술치료가 내담자에게 표현 경험을 제공하고 내담자 안에 있는 미지의 내면 세계와 마주하게 함으로써 내담자가 자기실현을 할 수 있도록 도와준다고 본다.

비자 베르그 루젠브릭^{Vija Bergs Lusebrink}(1990)은 자신의 내면을 창의

적으로 표현하는 것은 자아실현을 통해 그 사람을 성장하게 하고 내면을 치유해준다고 말했다. 아네트 쇼어Annette Shore(2014)는 또한 창조적인 작업을 하면 사람들이 효과적으로 치유될 수 있다고 언급했다.

다시 말해, 사람들은 창의적인 표현 과정에서 자신의 의미와 가치를 발견하고 그 과정은 그들의 자존감을 회복시켜주며 치유로 이끌어준다. 메이(1975)가 쓴 것처럼 창의적인 표현 과정은 개인이 이전에 몰랐거나 이해하지 못했던 잠재력을 실현할 수 있는 현실과의 진정한 만남이다.

이렇게 지금까지 미술심리치료 안에서 예술 표현을 통한 창의적인 과정은 효과적으로 자아실현을 이루고 궁극적으로 사람을 치유할 수 있다는 것이 인정되고 있다.

물론 이런 자신의 창의성을 발견하는 경험을 하기 위해서는 다른 사람들의 작품을 판단하는 데 대한 두려움으로부터 자유로워져야 한다. 이러한 두려움은 내면을 자유롭게 표현하기보다는 자신의 작업을 다른 사람의 기대에 맞추도록 만든다. 결국 예술 제작 과정은 그들에게 부담이 될 수 있으며, 이는 또 다른 스트레스가 되는 작업이나 과제가 될 수 있다.

하지만 우리 각자가 위대한 창조의 한 형태이며 우리의 삶이 그 자체로 창조적인 과정이 될 수 있다는 사실을 받아들일 수 있다면 누구나 창작 과정을 즐길 수 있다. 다시 말해, 창의적인 결과물을 만들고자 자신을 표현할 때 반드시 내면을 꾸미거나 새로운 기술을 추가할 필요가 없다는 것이다. 우리 자신을 표현하는 단순한 행위 자체가 독특하고 진정한 결과를 가져오는 가장 간단하고 쉬운 창의적 표현 과정이 될 수 있다.

많은 사람과 미술치료를 진행하면서 그들이 예술 제작 과정에 전적으로 집중할 때마다 숨겨지거나 억압된 생각이나 감정이 드러나는 것을 목격했다. 그들은 자신을 온전히 드러낸 그림에 만족하며 창의적이라고 생각했다. 또한 그 결과물은 그들의 자존감을 높여주었고, 자신이 몰랐던 내면을 스스로 발견할 수 있게 하였다. 이런 모든 과정이 그들을 치유로 이끌었다.

여덟 번째

미술심리치료:
추상화 그리기

누구나 추상화를 그릴 수 있다

여덟 번째, 미술심리치료: 추상화 그리기

누구나
추상화를
그릴 수 있다

사람들에게 내 추상화를 보여주면 종종 듣는 말이 "그림이 어렵다"라는 거다. 왜 어려울까? 그것은 작가가 뭘 그렸는지 눈에 딱 보이지 않기 때문이다. 대부분의 사람들이 인물, 정물, 풍경 등 어떤 특정한 형태의 그림에 익숙해져 작가가 뭘 그렸는지 대번에 알아볼 수 있는 그림을 편안해한다. 뭔가 지시적인 그림을 통해 작가로부터의 지시적인 메시지를 찾고 싶어 하는 것이다.

하지만 그림은 정답을 맞히는 문제가 아니다. 문제의 답을 맞히려고 틀렸는지 맞았는지 걱정하기보다는 두려움 없이 추상화를 그냥 한번 바라보자. 눈에 보이는 것이 아니라, 마음에 들려오는 무언가가 있을 것이다. 그 느낌에는 정답이 없으니 확인하려 하지 말자.

나도 눈에 보이는 것만 그리려고 했던 적이 있었다. 다른 사람의 평가와 기대에 눈치를 보면서 빈껍데기 같은 그림을 그렸었다. 하지만 인생에서의 시련은 다른 사람의 시선보다는 나 자신 안에 있는 내 목소리, 생각, 감정, 동기, 정체성 등이 더 중요하다는 걸 깨닫게 해주었다. 사람들은 어려운 상황에 직면했을 때 인생에서 상대적으로 덜 중요한 것들을 버리게 된다. 자기 주변의 모든 것을 통제하는 대신 자신을 제외한 모든 것을 내려놓는 방법을 배우게 된다. 나는 나 자신의 내면에 집중하기 시작했고 외부의 판단이나 평가에는 신경 쓰지 않게 되었다.

나의 내면에 집중하기 시작하면서 내 작품은 더욱 자유롭고 추상적으로 되었다. 더 이상 사실적으로 그리는 것은 생각하지 않게 되었다. 그냥 손의 움직임을 믿고 자연스럽게 그렸다. 이 자유로운 그림은 내가 아주 어릴 때 느꼈던 것 같은 기쁨을 나에게 선사했다. 이 과정을 통해 완벽주의의 정반대인 불확실성을 즐기기 시작했다. 그리고 불확실성을 받아들이는 순간, 다른 방법으로는 알아채지 못했던 내 안에 숨겨진 부분을 발견할 수 있었다.

완성된 작품을 볼 때마다 과거와 현재의 나 자신과 내 삶을 마주하게 된다. 예술 작품의 각 부분은 내 인생의 일부 사건들, 감정, 느낌, 행복했거나 고통스러웠던 기억을 상기시킨다. 그 그림들은 나에게 좋지 않았던 것들을 포함하여 내 삶의 모든 부분에 대해 말해준다. 비록 그 당시에는 절망적이고 고통스러웠던 순간이 아름답게 내 그림에, 내 삶에 어우러져 있는 것은 나에게 만족감을 준다.

예술을 만드는 과정은 마치 내 삶을 사는 것과 같다. 예술을 만드는 동안 예기치 않은 색상이나 찢어지고 부서진 부분은 때때로 나에게 당황스럽고 절망감을 준다. 과거에는 망쳤다 싶으면 그저 그 작품을 포기하고 버렸다. 하지만 내 작업이 나 자신이나 내 삶의 상징이 될 수 있다는 걸 깨닫고 작업을 끝까지 이어가기 시작했고, 마음에 안 들고 절망적인 순간들을 극복하기 시작했다. 나에게 아름다운 것이 무엇인지, 그리고 그 안에서 내가 마치 실제 삶을 사는 것처럼 만족감을 주는 것을 찾기 위해 열심히 노력했다. 그 결과 내 모든 작업이 나처럼 보였다. 이를 발견하는 것은 흥미로웠다. 작품에 집중할수록 나와 더 닮아 있었다. 다른 사람의 판단이나 생각을 내 삶에서 뺄수록 나 자신이 누구인지에 대해 더 자연스럽게 표현할 수 있었다.

따라서 그림을 그리는 것은 사람의 내면을 표현하는 문이 될 수 있다. 예술 과정이 타인의 평가가 아닌 자신만을 위한 것이라면, 예술을 창조하는 것 자체가 치유의 힘이 있기 때문에 자기 치유는 내면에서 시작될 수 있다. 창의적 활동은 사람들이 특히 다른 사람을 의식하지 않을 때 자신의 내면을 만나는 데 도움이 된다. 그러나 미술치료를 하기 전에 많은 사람들이 두려워한다.

"저는 그림을 진짜 못 그리는데요?" 아니면 아예 '나무'나 '집'을 그리려고 준비해 온 사람들도 있다. 심지어 어떻게 그리는지에 따른 사람의 성향을 다 공부하고 오는 사람도 있었다.

그래서 내가 생각한 방법이 추상화였다. 아무것도 특정한 형태를 그리지 않고 색깔, 선, 면 등을 이용해 화면 전체의 조화로움을 찾아가며 자신의 내면을 표현하게 도와주는 것이다.

처음에는 아무것도 그리지 않는 것에 불안감을 느껴 도형이라도 그려보는 사람도 있었다. 무엇인가 기댈 틀이 많이 필요한 사람들이다. 하지만 대부분의 사람들은 남들의 평가에 두려워할 것이 없기에 추상화 그리기에 몰입하였고 그 결과 내면이 잘 표현됐다. 놀랍게도 모든 그림이 그 사람들 자체였고 아무도 흉내 낼 수 없는 독특함이 담겼다.

추상미술을 선호하는 사람일수록 더 자유롭다는 연구 결과가 있다. 로버트 냅Robert Knapp과 알랜 울프Alan Wulff(1963)는 추상회화를 선호하는 사람들일수록 직관적이고, 미적 관심이 높으며, 주관적이고 더 센시티브하다는 특성을 발견했다. 더욱이 마크 그리들리Mark C. Gridley(2013)는 추상미술을 선호하는 사람들이 참신함, 모호함, 부조화를 더 좋아하고, 특히 구상미술을 선호하는 사람들보다 더 많은 감각을 추구하고 개방적이라는 것을 발견했다. 버레드 아비브Vered Aviv(2014)는 추상예술과 관련된 신경과학 및 행동 연구의 최근 데이터에 대해 논하며 추상미술이 현실의 지배로부터 우리의 두뇌를 해방한다고 주장했다.

추상화를 그릴 때 그 결과가 상대적으로 객관적인 평가에서 자유롭기 때문에 내담자가 결과보다는 과정에 집중할 수 있도록 도와준다. 물론 추상화는 아무렇게나 무의미하게 그릴 수도 있지만, 미술심리치료사와 함께 무의미한 점, 선, 면들을 그림 전체의 균형을 이루어 의미 있는 예술로 진화하게 만들 수 있다.

가장 중요한 점은 그리는 사람이 스스로 만족할 수 있도록 그림 전체의 균형과 조화를 찾아가야 한다는 것이다. 완성된 그림이 그 사람에게 편안해야 그 사람에게 만족감을 주고 그것은 자존감을 높이는 데 도움이 된다. 그 후에 그 사람은 그림을 통해서 자신의 몰랐던 내면을 발견할 수 있는 것이다. 누군가 말해주는 것보다 자신의 그림을 통해 스스로 몰랐던 부분을 발견한다면 인정하는 것이 더 쉬울 것이다. 이런 과정은 그 사람을 자연스럽게 치유의 문으로 들어갈 수 있게 한다.

미쳐 돌아가는 세상에서 살아남기

아홉 번째

자기 훈련과 성장

세상에 거저는 없다

유아기와 아동기

청소년기

성인 초기

중년기(25~65세)

노년기

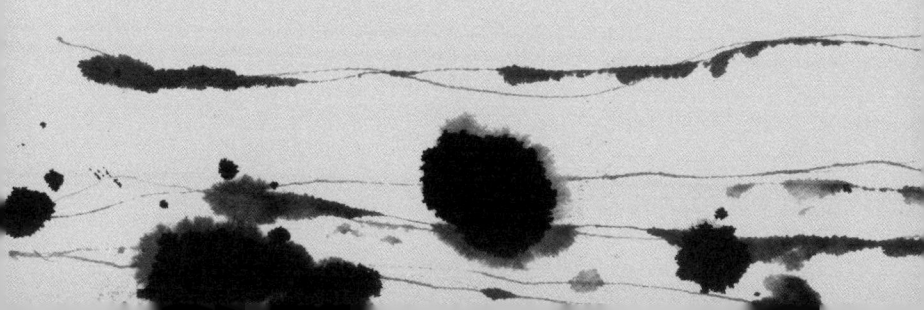

아홉 번째, 자기 훈련과 성장

세상에
거저는 없다

'다른 사람을 있는 그대로 인정해서 쓸데없는 감정 소모를 하지 않고', '자신의 내면에 있는 상처를 발견해서 인정하고', '자신 안에 원래 있는 것을 남의 시선을 의식하지 않고 꺼내어 창의성을 되찾는다'. 어떤 사람에게는 이런 과정이 원래 있던 반찬에 숟가락만 꺼내 먹는다는 느낌이 들지도 모르겠다. 하지만 이번 장에서 다루게 될 내용은 대가를 지불하고 뭔가를 한다는 느낌이 많이 들지도 모른다. 세상에 공짜란 없다는 걸 알지 않나?

우리가 만약 인공지능 로봇이라면 과정 없이 결과만 가진 프로그램을 주입함으로써 그 프로그램대로 한순간에 원하는 사람이 돼 있을 것이다. 하지만 인간은 학습을 통해 계속 스스로 발전하는 존재다. 또한 로봇과는 달리 무한하게 사람마다 다른 다양성을 가지고 성장할 수 있다. 그 결과는 쉽게 예측할 수 없고 정말 창의적이기에 인간인 것이다.

그런 무한한 가능성을 누구나 가지고 있기에 우리는 성장하기 위해서 훈련을 해야 한다. 이는 '자신과의 싸움'이라는 대가를 치러야 하고 고통이 따른다. 소위 세상에서 성공한 사람들을 보면 싸워야 할 적은 외부에 있는 게 아니라 내부에 있는 자신이라고 말한다.

이는 어린아이도 예외는 아니다. 모든 연령의 사람들이 자신의 상황 안에서 서로 다른 주제를 가지고 자신과 싸움을 할 수 있다. 물론 어린아이는 부모의 가이드가 필요하다. 하지만 부모가 자신과의 싸움을 한 번도 치열하게 해보지 못했다면, 자녀에게 하는 모든 말은 의미 없는 꽹과리 소리 같을 것이다. 그런 괴리감이 쌓여서 사춘기 때 부모와 자녀들의 사이가 멀어지는 것이다. 그러니 이 책을 읽는 순간까지 자기 자신과의 싸움을 피하며 살아왔다면, 이제는 한번 시작해보자. 그리고 당신의 자녀들에게 값진 유산을 물려주는 것이다.

아홉 번째, 자기 훈련과 성장

유아기와 아동기

아무것도 모르는 어린아이는 말만 들어도 거창한 자기와의 싸움을 어떻게 할 수 있을까? 아기는 태어나서 부모와 건강한 애착 관계가 형성되는 것이 중요하다. 아무것도 할 수 없는 상태에서 세상에 내던져진 아기로서는 부모로부터 무조건적인 사랑을 받아야 하는 존재다.

'내가 무엇인가 노력하지 않아도 나 자체로 환영받고 사랑받는구나.'
이러한 부모의 무조건적인 사랑은 아이의 자존감을 높이고 불안감을 잠재운다. 넘어지거나 실수를 해도 부모한테 가면 도움받을 수 있다는 건강한 신뢰가 쌓여가는 것이다. 이런 건강한 애착 관계를 바탕으로 부모는 훈육하며 아이 스스로 자기와의 싸움을 할 수 있도록 가르칠 수 있다. 다시 말해서, 자기조절과 인내심을 아이에게 훈련시키는 것이다.

아이들의 삶은 그렇게 복잡하지 않고 아주 단순하다. 먹는 것, 자는 것, 배변 훈련 등에서 일관성 있게 그 아이에게 맞는 자기조절과 인내심을 기르게 해주면 된다. 예를 들어 먹는 것은 일정한 시간에 건강에 좋은 것들을 먹여주는 것이다. 간혹 부모 마음대로 아이에게 밥을 아무 때나 먹이거나 밥이 아닌 간식으로 대체하거나 또한 간식을 아무 때나 시도 때도 없이 먹이는 것은 아이를 혼란스럽게 만든다. 아이가 떼를 쓴다고 아무 때나 먹을 것을 준다면 아이는 자기조절이 불가능하고 인내심이 부족한 아이로 성장할 확률이 높다.

자는 것 또한 마찬가지다. 아무 때나 부모의 상황에 맞추어 아이를 재운다면, 또는 늦은 시간까지 놀다가 지쳐 쓰러져 잘 때까지 내버려둔다면 아이는 자기조절을 배우지 못할 것이다.

물론 부모가 육아에 지쳐 포기하고 내버려두고 싶은 마음은 얼마든지 이해할 수 있다. 하지만 어렸을 때 자기조절 훈련이 되지 않는다면 그 아이는 자랄수록 점점 큰 문제로 평생 당신의 마음을 아프게 할 것이다. 그러니 어렸을 때 적은 노력으로 아이와 당신의 평생을 행복하게 하는 편이 유익하지 않을까? 아이가 크면 클수록 자기조절을 훈련하기에 더 긴 시간과 더 큰 에너지와 고통이 뒤따른다.

대부분의 부모들이 육아를 하다가 힘들어서 일관성을 유지하지 못하고 어느 순간 아이가 떼쓰는 대로 간식을 주거나, 잠을 안 재우고 맘대로 놀게 내버려둔다. 그러고는 어느 날 정신이 들어 군기를 잡겠다고 감정적으로 아이를 몰아붙인다. 그러면 아이는 이전에 떼를 써서 마음대로 자유를 만끽했는데, 굳이 부모 말을 듣고 하기 싫은 것을 할 리가 있을까? 아마 더 고집을 부리고 더 떼를 쓸 것이다.

"그러면 저는 이미 망쳐버렸네요. 그냥 이렇게 말 안 듣는 아이와 평생 살아요?"
이렇게 말하는 부모들이 있을 것이다.

결론은 아무것도 망친 것은 없다. 다만 조금씩 더 돌아가는 것이다. 길을 돌아가다 보면 오래 걸리지만 다른 풍경들도 보고 뜻밖의 선물도 얻을 수 있는 것처럼 인생도 그렇다. 그러니 포기하지 말자. 다만 당신이 아이에게 자기조절을 훈련하기로 마음먹었다면 이는 순간의 감정이 아니고 이성적인 결단이어야 한다. 왜냐하면 이 훈련은 아이보다 당신에게 더 큰 자기조절 훈련이 될 것이기 때문이다. 당신은 아이의 일관성 있는 훈련을 위해 친구 만나는 것을 자제해야 할 수도, 여행 가는 것이 불편할 수도, 때로는 듣기 싫은 아이의 떼쓰는 소리를 견뎌야 할 수도 있다. 자기조절이란 당신이 아주 하기 싫어했던 것들을 인내심을 가지고 하는 것이기 때문이다.

당신이 오래 방치한 만큼, 더 무분별했던 만큼, 그 정도에 따라 아이를 스스로 자기조절 할 수 있게 인도하는 일은 오래 걸릴 것이다. 하지만 중간에 또다시 일관성을 잃어버릴 것이라면 시작도 안 하는 편이 낫다.

일관성 있는 훈육을 통해 아이에게 자기조절 훈련을 하고 인내심을 길러주는 것이 어린아이일 때 아이가 할 수 있는 자기 자신과의 싸움이다. 하지만 여기서 가장 중요한 것은 앞에서도 언급했듯이 훈육 이전에 아이와 건강한 애착 관계를 쌓는 것이다. 보통 사람들은 아무 관계 없는 사람에게 싫은 소리를 들으면 발끈하지만, 평소에 밥도 많이 사주고 시간과 에너지를 많이 나누어 주었다면 '저 사람은 진정으로 나를 위하는 사람이야'라고 생각해 해주는 얘기를 듣기도 한다. 이런 것처럼 사람과의 관계에서 신뢰와 사랑은 중요하다. 특히 부모와 자식의 관계는 아이가 앞으로 사회에서 맺게 될 인간관계의 기본이기 때문에 신뢰와 사랑이 더욱 중요하다.

만약 지금 아이에게 자기조절 훈련을 시작하고 싶다면 우선 아이와의 애착 관계가 건강한지 확인해보고 아니라면 충분한 사랑과 관심을 먼저 주어야 한다. 그래서 아이 스스로 부모로부터 충분히 사랑받고 있다고 느낄 때쯤 훈련을 시작하면 좋겠다.

아홉 번째, 자기 훈련과 성장
청소년기

청소년 중에도 이미 자기와의 싸움을 치열하게 하는 아이들이 많다. 어렸을 때부터 전문적으로 운동을 하거나 음악을 하는 아이들은 어른 못지않게 오래 시간 연습을 하면서 보낸다. 연예인을 꿈꾸는 아이들도 연습실에서 대부분 시간을 보낸다. 자신이 잘하는 것, 하고 싶은 것을 어릴 때부터 찾아서 집중하며 자신과의 싸움을 치열하게 하면서 사는 아이들은 행복하다.

반면에 대부분의 아이들은 자신의 꿈이 뭔지도 모른 채 우선 보험을 들어두듯 공부를 하기 위해 학교에 가고 또 많은 학원에 다닌다. 목적이 없는 공부는 지루하기만 하고 집중이 되지도 않는다. 심지어 부모를 위해 공부하는 것처럼 유세 아닌 유세를 떨고 많은 부모가 자녀들에게 쩔쩔매기도 한다.

많은 부모들이 자녀에게 공부의 목적을 인생에서 실패하지 않기 위해서라고 가르친다.
"너 저렇게 편의점 알바 안 하려면 공부해야 해"라고 눈에 보이는 결과에만 집중해 아이를 다그치는 것이다. 하지만 그 편의점 아르바이트생이 자신의 꿈을 위해 주경야독하며 학비를 벌고 있을 수도 있지 않을까? 어떤 꿈을 이루기 위해 잠도 안 자며 부지런하게 일하는 것일 수 있다. 눈에 보이는 결과로만 아이들에게 동기 부여를 하는 것은 한계가 있다.

공부는 청소년기 아이들에게 자신과의 싸움을 하기 좋은 상대다. 인간은 계속 성장하기 위해서 누구나 자기 자신과 싸움을 해야 한다. 하지만 예술이나 운동처럼 특정한 분야에서 재능을 발견하지 못한 아이들은 자신의 본성을 이겨가며 싸우는 연습을 할 상대가 공부밖에 남지 않는다.

"너 혹시 운동 잘하는 거 있니? 악기는? 그림 그림? 아니면 춤이나 노래? 없어? 안타깝지만 너는 우선 공부를 통해 자신과 싸움을 해야 하겠구나."
아이들은 이런 말을 하는 부모가 얄밉겠지만 선택의 여지가 없다.

"저는 성장 안 해도 돼요!"

대부분의 사람들이 성장하지 않는 것은 죽은 것과 다를 바 없다는 말에 동의할 것이다. 물론 아이들이 그 죽은 것과 다를 바 없는 상태를 몇 달, 아니 1년쯤 경험해보겠다고 한다면 말리지 않는 게 좋다. 인간은 남의 말만 듣기보다는 직접 경험해봐야 깨닫는 존재이기 때문이다. 인생에서 1년은 짧은 순간에 불과하다. 그 짧은 순간을 통해 인생의 의미를 찾고 스스로 동기를 부여해서 살아간다면 무엇보다도 값진 시간이다.

하지만 대부분의 부모는 자녀가 한 달, 아니 일주일만 아무것도 안 해도 아이의 인생이 금세 망할 것처럼 걱정하고 안절부절못한다. 그래서 아이들이 스스로 깨달을 시간을 결코 주지 못하는 것이다. 부모로서 아이를 키우며 이런 인내를 하는 것 역시 일종의 자신과의 싸움 중 하나다. 아이는 아이대로, 부모는 부모대로 각자 자신과 싸움을 하는 것이다.

우여곡절 끝에 아이가 자신의 지속적인 성장을 위해서 공부라는 것을 통해 자신과 싸움을 하기로 마음먹었다면 그것이 시작이다. 게임이나 친구와 노는 것을 미루고 먼저 매일 일관성 있게 같은 시간에 정해진 양을 공부하고 지속해나가도록 이끌어줘야 한다. 일부 부모 중에는 '내 눈에 안 보이게 학원에 보내면 아이가 저절로, 아니 조금이라도 공부를 하겠지'라며 자기 스스로 위안을 받기 위해 아이들을 학원에 보낸다. 하지만 대부분의 아이는 거기서 스스로 공부하는 것을 배우는 게 아니라 대량의 문제를 푸는 법이나 아니면 시간을 때우다 온다. 그래서 어렸을 때부터 우선 집에서 스스로 일정하게 공부하는 법을 훈련하다가 아이가 스스로 더 많은 도움이 필요하다고 요청할 때 학원이나 과외 선생님 등을 연결해주면 된다.

아이의 공부를 봐주는 일도 부모에게는 일종의 자기와의 싸움이 될 것이다.
'난 못 해! 원래 자기 아이는 가르칠 수 없다고 했어.'
만약 이렇게 생각한다면 당신은 공부를 포기하고 싶은 자녀의 마음도 이해해야 할 것이다. 당신은 그 싸움을 피하려고 하면서 아이에게만 자기 자신과 싸우라고 가르칠 수는 없는 노릇 아닌가.

아이들은 놀고 싶은 것을 참고 공부를 하면서 자기조절력을 익힌다. 그리고 스스로 노력한 결과를 통해 자존감을 높이고 성취감도 느낄 것이다. 청소년기에 이런 과정을 반복적으로 경험한다면 앞으로 인생에서 무엇이든 쉽게 도전하게 될 것이고 성실함을 바탕으로 좋은 결과를 얻을 것이다. 또한 자기조절을 통해 사회에서 다양한 사람들과 건강한 인간관계를 맺게 될 것이다.

청소년기에 훈련을 통해 자기 자신과의 싸움에 능해진다면 그 아이는 나중에 무엇을 해도 두려워하지 않고 오히려 즐기며 사는 사람으로 성장할 게 분명하다.

아홉 번째, 자기 훈련과 성장
성인 초기

대부분의 아이들은 대학에 입학하면서부터 부모로부터 점점 분리되어 간다. 부모 또한 자식에 대한 간섭이 그 전보다 상대적으로 덜해지다 보니 이 시기에는 아이들이 자칫 무분별한 생활로 이어질 수 있다. 여태까지 자신만의 목적이 아닌 부모의 눈치를 보면서 부모를 위해서 공부를 했다면 그 보상심리로 자유를 누리다 못해 방종으로 이어지기도 한다.

자신의 전공이 어쩌다 보니 성적에 맞춰 선택한 것이라면 흥미나 열정도 없을 것이다. 심지어 자신이 무엇을 좋아하는지, 자신의 꿈이 무엇인지조차 생각하고 싶지 않을 정도로 무기력하거나 귀찮아질 것이다. 아니면 여태까지 자기 스스로 사고하고 선택하며 살아오지 않았기 때문에 문제가 있어도 어디서부터 손대야 할지 모를 수도 있다.

그렇다면 이 시기에 멈춰 서 자신에 대해서 생각해봐야 한다. 이제는 부모의 간섭으로부터 좀 자유로워졌고 인생에서 이런저런 의무(부모님은 아직 젊으시고, 배우자나 자녀가 없기 때문에)로부터 상대적으로 가장 자유로운 시기이기 때문이다. 자신이 정말 죽을 때까지 무엇을 하며 살아야 행복할지, 자신이 무엇을 할 때 열정적으로 변하는지, 자신이 정말 잘하는 것이 무엇인지 찾아야 할 때이다. 물론 청소년기부터 자신의 꿈을 찾아서 열심히 그 꿈을 이루는 과정 중에 있는 사람도 있을 것이다. 이런 사람들은 말할 필요도 없이 자기조절을 하며 자신과의 싸움을 하고 있을 것이다.

하지만 우리나라의 교육환경 때문에 그렇지 못한 사람이 대다수다. 그렇다면 어리석은 보상심리에 젖어 자신의 가장 중요한 시기를 낭비하지 말고, 이제 스스로 사고하며 자신의 진짜 꿈을 찾아라. 그리고 그 꿈을 이루며 자신과의 싸움을 시작해라. 그러려면 다른 사람의 시선 같은 것은 가볍게 넘기고 자신의 내면에 집중해야 진짜 적인 '나'를 만날 수 있다.

아홉 번째, 자기 훈련과 성장
중년기(25~65세)

이 시기를 에릭 에릭슨 Eric Ericson은 다음 세대를 생산하고 가치를 전수하는 단계라고 했다. 자녀를 낳아 기르며 자신의 능력이나 가치를 전수하는 생산성에 집중된 시기인 것이다. 또한 다음 세대를 양육하고 교육하기 위해서는 자신의 욕구를 희생함으로써 일시적인 자기 침체가 나타난다고 보기도 했다.

이 시기에 있는 대부분의 부모가 자녀를 양육하기 위해서 많은 것들을 포기하고 희생한다. 많은 여성은 자신의 커리어와 육아 사이에서 어려움을 겪고, 많은 부모는 제한적인 가계 경제로 인해서 자신의 욕구를 만족시키기보다 아이들의 필요에 집중하기도 한다. 부모들의 시간 또한 자신들을 위한 것보다는 자녀들을 위해 쓰는 경우가 더 많다.

이렇게 부모가 자녀를 위해 많은 것을 희생하다 보면 아이를 자신의 '소유물'로 착각할 수 있다. 어찌 보면 자신들의 많은 것을 투자한 존재이기 때문에 좋은 결과물이 나와야 한다고 믿는 것이다. 그래서 부모가 자녀의 인생을 남들이 다 부러워할 수 있게, 또는 살면서 자녀들이 당할 수 있는 어려움을 최소화하는 안정적인 방향으로 설계하고 그쪽으로 밀어붙이기도 한다. "다 이게 너를 위해서 하는 거야, 그러니 믿고 따라와라."

아이들 스스로 사고하고 선택할 수 있게 훈련하는 것이 아니라 일방적인 훈육은 부모와 자녀 사이에 갈등을 부추기고 아이들의 삶에 문제를 일으킨다. 그러면 부모는 근본적인 원인이 자신에게 있음을 깨닫지 못한 채 아이에게 문제가 있다고 생각하고 상담치료를 받으러 여기저기 기웃거린다. 자녀를 둔 부모들에게 자신과의 싸움은 어찌 보면 다른 시기에 비해 쉬울 수 있다. 자신의 내면이 밖으로 꺼내어져 있어 자신의 눈으로 직접 볼 수 있기 때문이다.

'자식은 우리 자신의 거울이다'라는 말이 있다. 아이들을 가만히 보면 가르쳐주지 않았는데도 엄마 아빠와 똑같이 행동하는 것을 보고 깜짝 놀라는 경험을 부모라면 다 해봤을 것이다. 콩 심은 데 콩 나고 팥 심은 데 팥 나는 것이다.

그렇다면 자녀들을 통해 부모들의 모습을 적나라하게 볼 수 있다.
"쟤는 누구를 닮아서 저래!"
멀리 갈 것도 없이 단순하게 바로 우리 자신을 닮은 것이다. 인정하기 싫을 수도 있지만 유전의 법칙은 놀랍다. 우리가 인정하지 않아도, 믿지 않아도 진실은 그 자리에 그대로 있다.

자녀에게 문제가 있다고 생각된다면 그 원인을 내 안에서 찾아보자. 아이에게서 보이는 모습 중 특히나 걸리는 부분이 자신이 애써 외면하려고 덮고 덮어왔던 우리의 내면에 숨겨져 있던 자신의 모습일 수 있다. 우리가 아이의 모습을 통해 자신의 상처나 연약함을 인정하고 받아들인다면 우리는 변할 수 있게 된다. 그리고 우리의 변화로 인해 그렇게 바라왔던 아이의 문제들이 눈 녹듯이 사라져버릴 것이다.

중년기에 자신과의 싸움 중 가장 중요한 부분은 육아지만, 그 전에 전혀 다른 삶을 살아온 타인과 가족을 이루는 문제 또한 작지 않다. 사실 행복한 육아를 하기 위해서는 부부가 서로 다름을 인정하고 받아들인 다음 쓸데없는 감정 소모 없이 지혜로운 대화를 통해 의견을 맞춰가는 훈련이 필요하다. 이 과정은 앞에 상세히 언급했으니 다시 읽어보면 좋겠다.

'수신제가치국평천하(修身齊家治國平天下)'라는 말은 정말 누구나 공감할 만한 구절이다. 우리는 부모에게서 완전히 독립한 후 진정한 자신의 가족 안에서 서로의 부족함을 인정하고 받아들이고, 남을 변화시키기보다는 자신의 내면에 집중하여 자기 자신과 싸움을 하며 살아간다. 이런 가정에서의 훈련은 가정 밖에서 삶을 살아갈 때 우리에게 많은 지혜와 힘을 준다.

에릭슨이 말한 것처럼 이 시기는 자신의 능력이나 가치를 전수할 때이다. 하지만 그러기 전에 자신의 내면에 집중함으로써 자신의 능력을 발견하고 꺼내는 훈련을 끊임없이 해야 한다. 이런 반복적인 훈련은 자신과의 싸움이 될 것이고, 이런 훈련의 결과물들은 종합적이고 통합적인 사고 과정을 통해 가치 있는 결과물로 거듭날 것이다.

이런 자신만의 가치 있는 결과물이 남에게 전수되면서 그 가치들이 쌓이고 모여서 지금 우리가 누리고 있는 문화가 되는 것이다. 이런 가치는 어느 특정한 분야에서만 나타나는 게 아니고 인간의 전 분야에 걸쳐 전수된다. 과학 지식이나 인문학적 지식은 말할 것 없고, 가정에서 요리하는 비법이나 청소하는 방법까지 크고 작은 것을 가리지 않는다. 사실 어떤 한 분야도 함부로 크고 작다고 비교할 수 없을 수도 있다. 모든 분야에서 훈련을 통해 갈고닦은 비결은 전수되면 모두에게 유익할 수 있기 때문이다.

우리는 이런 과정을 통해 자신감을 갖게 되고 자존감을 높이며 스스로 의미 있는 삶을 산다고 느끼게 된다. 자기 스스로를 가치 있다고 느끼는 것은 정말 중요하다. 이런 생각은 우리에게 살아 있을 이유를 주고, 또한 나 아닌 다른 사람을 존중하는 마음을 주기 때문이다.

자신이 어떤 일을 하든지 남과 비교해 하찮게 여기거나 우월하게 생각지 말고, 자기 일에 집중하여 자신과 싸움을 하며 자기조절을 하는 훈련을 했으면 좋겠다. 그리고 자신의 결과물을 스스로 가치 있게 여기고 필요한 사람들에게 전수하는 것이다. 그것으로 당신은 살아 있음을 느끼게 될 것이다.

아홉 번째, 자기 훈련과 성장

노년기

사람들은 흔히 노년기를 인생의 쇠퇴기이며 다소 부정적이고 정적인 시기로 바라본다. 사실 노년기는 육체적으로 노쇠해지는 시기가 맞지만, 그렇다고 정신적으로 약해지는 것은 아니다. 오히려 많은 경험 덕분에 감정적으로 풍부하고 누구보다도 깊은 통찰력으로 세상을 바라볼 수 있다.

하지만 많은 노인들이 인생의 허무함을 느끼고 우울증으로 고통받는 이유는 무엇일까? 그것은 자신에 집중하지 못하고 다른 사람과 비교하며 자신에게 부족한 것들에 집중하기 때문이다. "세상 많이 좋아졌구나. 나 때에는 저런 거 구경도 못 했는데……." 하면서 자신이 누리지 못한 것들을 아쉬워한다. 혹은 자신의 이해력으로 따라잡을 수 없는 과학 기술을 누릴 수 없어 억울해하기도 한다. 항상 세상은 점점 좋아지고 나이가 들어가면 따라잡을 수 없는 것이 당연하다. 하지만 그것을 당연하게 받아들이지 못하고 뒤처져 있는 자신을 쓸모없게 여긴다.

인간은 누구나 세월을 거스를 수 없고 모든 것을 다 누릴 수도 없다. 그렇기에 당신보다 젊은 사람들과 자신을 비교하며 부족한 것을 찾아내고 누리지 못한 것들을 아쉬워하는 것은 어리석은 일이다.

대신에 당신이 누렸던 것들을 떠올려보자. 지금보다 더 깨끗한 자연에서 뛰어 놀았던 기억, 지금보다는 인간미가 있었던 사람들, 지금보다 깨끗했던 먹거리들, 지금은 찾아보기 힘든 낭만 등등 셀 수 없이 많지 않은가? 늙어서 서글프다는 말은 자신 안의 부족한 것에만 집중하기에 나오는 말이다.

인간은 죽기 전까지는 누구나 성장하는 것을 멈추지 않아도 된다. 인간이라는 존재는 우리가 상상하는 것보다 무한한 잠재력과 능력을 부여받았기에 가치가 있는 것이다. 자신에게 없는 것에 집중해 한숨을 쉬며 인생을 한탄하기보다는 자신이 가지고 있는 것을 꺼내보자.

그 어느 것도 하찮은 것은 없다. 어떤 것이든 필요한 사람에게 가면 가치 있는 것이 되게 마련이다. 당신이 가지고 있는 물건이든 통찰력이든 당신에게 필요 없고 기꺼이 나누어 줄 수 있다면 필요한 사람에게 나누어 주자. 그러면 당신은 살아있다는 느낌을 받을 수 있을 것이다. 그리고 인생을 아름답고 의미 있게 마무리하게 될 것이다.

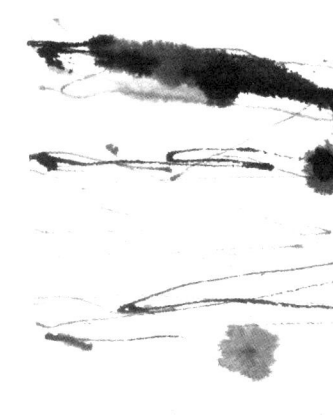

미쳐 돌아가는 세상에 살아남기

맺음말

삶의 의미 찾기

삶의 의미 찾기

상처받는 것을 멈추고 내 안에 있던 상처를 치유하며 남의 시선을 신경 쓰기보다는 내 안에 뭐가 있는지 알아가고 그것을 세상에 표현해 나만의 독특한 길을 간다면 우리는 행복할까? 우리 인생에서 더 이상 얻을 것이 없어도 충만한 느낌이 들까?

아마도 모든 것이 익숙해지는 어느 순간, 이상하게도 허무함이 몰려올 것이다. 그리고 인생의 의미에 대해 생각해보게 될 것이다.

'도대체 나는 이 세상에 무엇을 위해 존재하나?'
'내가 이 땅에 있는 이유는 무엇일까?'

빅터 프랭클Viktor Frankl의 연구에 따르면, 미국의 한 대학에서 자살 충동을 느낀 적 있는 학생 60명을 대상으로 조사를 진행했는데, 그중 85%의 학생들이 그 이유를 "삶이 무의미해 보여서"라고 답했다. 더 중요한 사실은 이 대답을 한 학생의 93%는 사회활동도 적극적이고, 성적도 우수하며, 가족들과의 관계도 양호한 상태였다고 한다.

주변을 보면, 부유하고 모두가 부러워하는 사회적 지위에 있고 자식들을 모두 명문대에 보냈으며 건강상의 문제도 없는데 허무함을 느끼는 사람들이 있다. 또한 반평생 넘게 쉼 없이 달려오다 은퇴한 사람들이 인생의 허무함을 느끼며 우울증에 걸리는 모습도 종종 본다.

아무리 외적인 것이 풍족하고 충분해도 그것이 우리를 행복하게 해주지 않는다는 것을 결국에는 모두가 알게 될 것이다. 따라서 우리는 내면으로부터 자신의 존재 이유를 찾아야 한다. 물론 인생을 순간의 쾌락이나 돈, 성공을 위해 사는 사람도 있다. 하지만 이런 것들은 내재적인 것이 아니라 외부의 가변적인 것이기 때문에 일단 이루게 되면 우리에게 허무함을 불러온다. 그래서 우리는 변하지 않는 가치를 지닌 인생의 의미를 찾아야 한다.

많은 인생의 의미를 찾고자 한 인생의 선배들이 내린 결론은 '남을 돕는 일'이었다. 이것만큼 인생을 가치 있고 풍요롭게 하는 일은 없을 테니까. 물론 남을 돕기 위해서는 우리 스스로가 건강하고 충만해야 하는 것이 먼저이다. 그다음에 그렇지 못한 사람들을 도와주어 그들 또한 남을 도울 수 있을 만큼 건강해지도록 해야 한다. 그러다 보면 이 세상은 저절로 건강해질 것이다. 이것이 바로 내가 책을 쓴 이유이다.

당신이 더 이상 남과 비교하지 않고 자신에게 집중하며 단단하고 건강해지시길 바란다. 그런 후에 주위를 둘러보고 당신의 도움이 필요한 사람들을 도와주며 삶의 의미를 발견해보시길 바란다. 이 책을 읽은 모든 분들이 그렇게 되길 진심으로 기도드린다.

미처 돌아가는 길창에 살아남기

부록1:
자아실현을 이룬 사람들의 특징 15가지

부록2:
MPS

부록3:
14가지 심리 이야기

부록1: 자아실현을 이룬 사람들의 특징 15가지
매슬로의 자아실현을 이룬 사람들의 특징

1. 현실 중심적이다(reality-centered)
거짓, 가짜, 사기, 허위, 부정직 등을 진실과 구별하는 능력이 있다.

2. 문제 해결 능력이 뛰어나다(problem-centered)
어려움으로부터 도망가려 하지 않는다. 오히려 어려움과 역경을 문제 해결을 위한 기회로 삼는다.

3. 수단과 목적을 구분한다(discrimination between ends and means)
목적으로 수단을 정당화하지 않으며, 수단이 목적 자체가 될 수도 있다고 생각한다. 즉, 과정이 결과보다 더 중요할 수 있다는 자세를 갖는다.

4. 사생활을 즐긴다(detachment: need for privacy)
남들과 함께하는 시간보다는 혼자 있는 시간에 종종 더 편안함을 느낀다.

5. 환경과 문화에 영향을 받지 않는다(autonomy: independent of culture and environment)
주위 환경에 의해 쉽게 바뀌지 않는다. 자신의 경험과 판단에 더 의존한다.

6. 사회적인 압력에 굴하지 않는다(resistance to enculturation)
항상 사회에 순응하며 살진 않는다. 겉으로는 평범해 보이지만, 속으로는 반사회적이거나 부적응자의 심리를 갖고 있기도 하다.

7. 민주적인 가치를 존중한다(democratic behavior)
인종, 문화, 개인의 다양성에 열린 자세를 취한다.

8. 인간적이다(Gemeinschaftsgefuhl: social interest)
사회적 관심, 동정심, 인간미를 지니고 있다.

9. 깊은 인간관계를 맺는다(intimate personal relations)
수많은 사람과 피상적인 관계를 맺기보다는 가족이나 소수의 친구와 깊은 관계를 유지하는 것을 선호한다.

10. 공격적이지 않은 유머를 즐긴다(sense of humor)
자기 자신을 낮추는 듯한 유머를 즐겨 사용한다. 남을 비웃거나 모욕하는 유머는 삼간다.

11. 자신과 남을 있는 그대로 받아들인다(acceptance of self and others)
남들이 자신을 바라보는 시선이나 태도에 연연해하지 않고 자신을 있는 그대로 바라본다. 남에게도 마찬가지. 남을 가르치거나 바꾸려 하지 않고, 자신에게 해가 되지 않는 한 있는 그대로 내버려둔다.

12. 자연스러움과 간결함을 좋아한다(spontaneity and simplicity)
인공적으로 꾸미는 것보다는 있는 그대로 자연스럽게 표현하는 것을 더 좋아한다.

13. 감성이 풍부하다(freshness of appreciation)
주위의 사물을 비록 평범한 것일지라도 놀라움으로 바라볼 수 있다.

14. 창의적이다(creativeness)
창의적이고 독창적이며 발명가적인 기질이 있다.

15. 초월적인 것을 경험하려 한다(peak experience, mystic experience)
(학문·종교·철학·스포츠 등) 경험의 정점에 이르는 걸 좋아한다. 경험의 순간이 최고조에 달했을 때 초월적인 기쁨과 자유를 느낀다. 그리고 이 경험이 머릿속에 남아 계속 그 경험을 쌓으려 노력한다.

부록2:
MPS

이번 부록에서는 다섯 번째 장에서 다룬 완벽주의에 대해서 브리티시 컬럼비아 대학교British Columbia University 완벽주의 및 정신병리학 연구실의 폴 휴이트Paul Hewitt와 고든 플렛Gordon Flett이 개발한 다차원적 완벽주의 척도MPS: Multidimensional Perfectionism Scale에 대해 소개하고자 한다.

이들은 완벽주의 성향을 다음과 같은 세 가지 완벽주의 특성의 척도로 구분했다.

1. 자기지향적 완벽주의Self-Oriented Perfectionism
2. 타인지향적 완벽주의Other-Oriented Perfectionism
3. 사회적으로 규정된 완벽주의Socially Prescribed Perfectionism

아래의 표에 따라 깊이 생각하지 말고 즉흥적으로 답을 한 후 항목별로 표시한 점수의 합을 내면 된다.

다차원적 완벽주의 척도(MPS)

	내용	그렇지않다				그렇다			SO	OO	SP
1	나는 무엇인가 작업을 할 때 그 일이 완벽히 끝날 때까지 쉴 수 없습니다.	1	2	3	4	5	6	7			
2	나는 누군가가 일을 너무 쉽게 포기하는 것에 대해 비난할 것 같지는 않습니다.	7	6	5	4	3	2	1			
3	나와 밀접한 관계에 있는 사람들의 성공 여부는 나에게 그다지 중요하지 않습니다.	7	6	5	4	3	2	1			
4	친구가 최선이 아닌 차선을 선택하더라도 나는 그를 거의 비판하지 않습니다.	7	6	5	4	3	2	1			
5	나는 다른 사람들의 기대에 부응하기가 어렵다는 것을 알게 되었습니다.	1	2	3	4	5	6	7			
6	내 목표 중 하나는 내가 하는 모든 일을 완벽하게 하는 것입니다.	1	2	3	4	5	6	7			
7	다른 사람들이 하는 어떤 일이든 모두 최고 수준이어야 합니다.	1	2	3	4	5	6	7			
8	나는 업무에 있어서 그것을 완벽하게 하는 것 자체가 목표는 아닙니다.	7	6	5	4	3	2	1			
9	내 주변 사람들은 내가 실수를 할 수 있다는 것을 기꺼이 받아들입니다.	7	6	5	4	3	2	1			
10	나는 가까운 사람이 최선을 다하지 않는 것에 상관이 없습니다.	7	6	5	4	3	2	1			
11	내가 일을 잘할수록 사람들은 내가 더 잘할 것으로 기대합니다.	1	2	3	4	5	6	7			
12	나는 완벽해야 할 필요성을 거의 느끼지 못합니다.	7	6	5	4	3	2	1			
13	내가 탁월하게 마무리 짓지 못한 업무는 사람들에게 형편없다고 평가받을 것입니다.	1	2	3	4	5	6	7			
14	내가 할 수 있는 한 완벽해지려고 노력합니다.	1	2	3	4	5	6	7			
15	매사에 모든 것을 완벽하게 처리하는 것이 매우 중요하다고 생각합니다.	1	2	3	4	5	6	7			
16	나에게 중요한 사람들에 대한 기대가 높은 편입니다.	1	2	3	4	5	6	7			
17	내가 하는 모든 일에서 최선을 다하려고 매우 노력합니다.	1	2	3	4	5	6	7			
18	내 주변 사람들은 내가 하는 모든 일이 성공할 것으로 기대합니다.	1	2	3	4	5	6	7			
19	나는 주변 사람들에게 매우 높은 기준을 가지고 있지는 않습니다.	7	6	5	4	3	2	1			
20	나는 나 자신에게 항상 완벽함을 요구합니다.	1	2	3	4	5	6	7			
21	내가 모든 일을 다 잘하지 않더라도 다른 사람들은 나를 좋아할 것입니다.	7	6	5	4	3	2	1			
22	나는 사람들이 스스로 더 나아지려고 노력하지 않아도 상관하지 않습니다.	1	2	3	4	5	6	7			
23	내가 한 실수를 발견하게 되면 매우 불안해집니다.	1	2	3	4	5	6	7			
24	나는 친구나 주변 사람들로부터 많은 것을 기대하지 않습니다.	7	6	5	4	3	2	1			
	1페이지 소계										

다차원적 완벽주의 척도(MPS)

	내용	그렇지않다				그렇다			S O	O O	S P
25	성공이란 다른 사람들을 기쁘게 하기 위해 더 열심히 노력하는 것을 의미한다고 생각합니다.	1	2	3	4	5	6	7			
26	누군가에게 일을 부탁한 경우, 나는 항상 그 사람이 그것을 결점 없이 완벽하게 수행하기를 기대합니다.	1	2	3	4	5	6	7			
27	나와 가까운 사람들이 실수하는 것을 참을 수가 없습니다.	1	2	3	4	5	6	7			
28	나는 목표를 세울 때, 완벽하게 세우려고 합니다.	1	2	3	4	5	6	7			
29	나에게 중요한 사람들은 나를 실망시키지 말아야 합니다.	1	2	3	4	5	6	7			
30	다른 사람들은 내가 실패하더라도 괜찮을 거라고 생각합니다.	7	6	5	4	3	2	1			
31	나는 사람들이 항상 내게 많은 것들을 요구한다고 생각합니다.	1	2	3	4	5	6	7			
32	매사에 내 잠재력을 최대한 발휘해야 한다고 생각합니다.	1	2	3	4	5	6	7			
33	사람들이 내게 말하지 않을 수도 있지만, 내가 실수를 하면 나에 대해 실망하는 것 같습니다.	1	2	3	4	5	6	7			
34	내가 하고 있는 일에서 항상 최고가 될 필요는 없습니다.	7	6	5	4	3	2	1			
35	내 가족은 내가 늘 완벽하기를 기대합니다.	1	2	3	4	5	6	7			
36	나 자신에게는 그다지 높은 목표를 세우지 않습니다.	7	6	5	4	3	2	1			
37	부모님은 내 인생의 모든 일에서 내가 항상 뛰어날 것이라고 기대하지는 않습니다.	7	6	5	4	3	2	1			
38	나는 지극히 평범한 사람들도 존중하는 편입니다.	7	6	5	4	3	2	1			
39	사람들은 항상 나에게 완벽한 것을 기대합니다.	1	2	3	4	5	6	7			
40	나는 나 자신을 위해 매우 높은 기준을 설정하는 편입니다.	1	2	3	4	5	6	7			
41	사람들은 내가 할 수 있는 것보다 더 많은 것을 기대하는 편입니다.	1	2	3	4	5	6	7			
42	나는 학업이나 업무에 있어서 항상 성공해야 합니다.	1	2	3	4	5	6	7			
43	나는 가까운 친구가 최선을 다하지 않아도 상관없습니다.	7	6	5	4	3	2	1			
44	내 주위 사람들은 내가 실수를 해도 여전히 유능하다고 생각합니다.	7	6	5	4	3	2	1			
45	나는 다른 사람들이 자신이 하는 일에서 항상 뛰어나기를 기대하지는 않습니다.	7	6	5	4	3	2	1			
	2페이지 소계										
	1페이지 소계										
	합계										
									S O	O O	S P

*출처: Chung, Hyun Z. (2015). Turning on your creativity: breaking through perfectionism by making abstract arts, Thesis for the degree of Master of Arts in Clinical Mental Health Counseling, Art Therapy, Lesley university

아래는 나의 석사 학위 논문에 실린 직업별 인터뷰 대상자들의 MPS 평균과 분산(괄호) 결과이다. 본인의 점수가 이들보다 월등히 높다면 아마도 심각한 수준의 완벽주의 성향을 의심해봐야 한다.

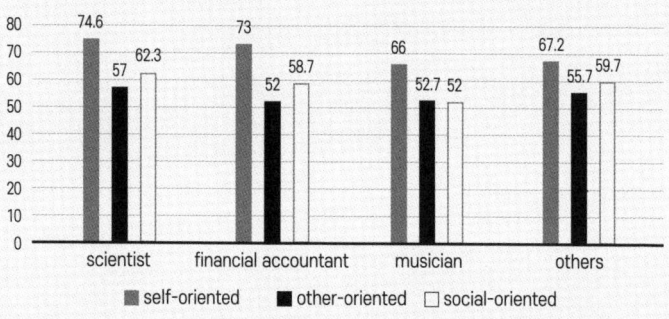

	self-oriented	other-oriented	social-oriented
scientist	74.6(16.5)	57(14.2)	62.3(17.3)
financial accountant	73(8.6)	52(4.9)	58.7(14.6)
musician	66(18.0)	52.7(9.4)	52.0(1.4)
others	67.2(5.3)	55.7(4.6)	59.7(12.3)

* the number is average values and parenthesis is standard deviation

Figure 4-2. Multidimensional Perfectionism Scale (MPS) Scores with respect to occupation

다음은 휴이트와 플렛이 자신들의 임상 연구에 참여한 일반인, 환자, 대학생을 상대로 MPS 결과를 정리한 것이다. 상대적으로 정신과 진료를 받는 환자들의 자기지향적 완벽주의 척도와 사회적으로 규정된 완벽주의 척도가 다소 높음을 알 수 있다.

	N	Self		Other		Social	
		M	SD	M	SD	M	SD
Communit							
Total	1,334	65.96	16.62	55.40	12.52	50.28	15.02
Males	527	66.46	16.40	57.16	12.18	51.52	14.49
Females	804	65.62	16.76	54.25	12.63	49.46	15.34
Age 18-25	217	68.08	15.99	55.82	12.66	51.22	13.94
Age 26-45	603	66.13	15.77	55.90	12.11	49.99	14.17
Age 46-65	335	66.36	17.79	56.01	13.15	51.98	16.99
Age 66+	173	62.08	17.31	52.21	12.09	46.70	14.86
Patients							
Total	1,112	70.08	18.38	55.61	13.79	58.03	15.83
Males	489	69.88	17.05	57.52	12.88	56.94	14.25
Females	558	70.12	19.35	53.96	14.07	58.86	17.10
Students							
Total	1,595	65.91	14.88	56.25	11.51	54.75	13.52
Males	549	65.74	14.42	56.93	10.85	55.16	13.10
Females	827	66.26	14.89	56.11	11.44	55.08	13.49

*출처: A Journal of Consulting and Clinical Psychology, 1991, Vol. 3, No. 3, 464-46

휴이트와 플렛은 성인뿐 아니라 어린이와 청소년에 대한 다차원적 완벽주의 척도 또한 개발했는데, 우선 6~12세 아이에 대한 다차원적 완벽주의 척도 설문 문항을 번역해서 공유한다. 최대한 아이가 이해할 수 있도록 설명해주며 문항에 답해보기 바란다. 이 연령은 아직 타인보다는 자신을 더 중요하게 생각하는 시기이므로 '타인지향적 완벽주의' 항목은 생략했다.

다차원적 완벽주의 척도(MPS) 유아 6~12세

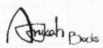

	내용	그렇지않다			그렇다		S O	S P
1	나는 내가 하는 모든 일에 있어서 완벽해지려고 노력한다.	1	2	3	4	5		
2	나는 내가 하는 모든 것에서 최고가 되길 원한다.	1	2	3	4	5		
3	나의 부모는 내가 하는 모든 일에서 완벽하게 하는 것을 항상 기대하지는 않는다.	5	4	3	2	1		
4	나는 항상 최선을 다해야 한다고 생각한다.	1	2	3	4	5		
5	내 인생에서 다른 사람들은 내가 완벽하기를 기대한다.	1	2	3	4	5		
6	나는 항상 시험에서 높은 점수를 얻으려고 노력한다.	1	2	3	4	5		
7	만약 내가 항상 최선을 다하지 않는다면, 그것은 나를 괴롭게 한다.	1	2	3	4	5		
8	나의 가족은 내가 항상 완벽한 것을 기대한다.	1	2	3	4	5		
9	나는 항상 최고가 되려고 노력하지는 않는다.	5	4	3	2	1		
10	사람들은 나에게 내가 할 수 있는 것보다 더 이상을 기대한다.	1	2	3	4	5		
11	내가 실수를 할 때, 나는 나 자신에게 화가 난다.	1	2	3	4	5		
12	내가 최선을 다하지 않으면 다른 사람들은 내가 실패했다고 생각한다.	1	2	3	4	5		
13	다른 사람들은 항상 나에게 완벽한 것을 기대한다.	1	2	3	4	5		
14	내가 하는 일에 있어서 나의 단 한 번의 실수도 나를 화나게 한다.	1	2	3	4	5		
15	내 주변의 사람들은 나에게 모든 것에 있어서 훌륭한 것을 기대한다.	1	2	3	4	5		
16	내가 무슨 일을 할 때, 그것은 완벽해야만 한다.	1	2	3	4	5		
17	나의 선생님들은 내가 학업에 있어서 완벽하길 바란다.	1	2	3	4	5		
18	내가 하는 일에 있어서 모든 것에 최고가 될 필요는 없다.	5	4	3	2	1		
19	다른 사람들은 내가 다른 사람보다 더 잘하는 것을 기대한다.	1	2	3	4	5		
20	내가 시험에 합격하더라도, 반에서 최고의 점수를 받은 것이 아니라면, 나는 실패했다고 느낀다.	1	2	3	4	5		
21	나는 사람들이 나에게 너무 많은 것을 요구한다고 느낀다.	1	2	3	4	5		
22	나는 내가 완벽하지 못하면 견딜 수 없다.	1	2	3	4	5		
	합계							
							S O	S P

우선 6~12세 사이의 일반 아동과 정신과 상담을 받는 아동의 평균적인 MPS 점수는 다음과 같다. 이는 영국에서 2000년대 초반에 시

행한 결과임을 참고하기 바란다.

우울증이나 강박증을 앓는 아이들의 '자기지향적 완벽주의' 척도는 일반 아이들보다 다소 높고, '사회적으로 규정된 완벽주의' 척도는 다소 낮은 결과를 보인다.

	Age	N	Self		Social	
			M	SD	M	SD
Communit						
Child 6-12	10.17 (1.19)	369	31.45	8.46	25.59	8.66
Males	10.10 (1.20)	178	31.92	8.31	26.20	8.50
Females	10.04 (1.21)	191	31.01	8.59	25.02	8.79
Adol 13-18	14.74 (1.02)	598	29.38	8.34	25.80	8.57
Males	14.85 (1.00)	246	29.44	7.85	26.88	8.80
Females	14.66 (1.03)	352	29.34	8.68	25.05	8.35
Patients						
Child 6-12	10.56 (1.35)	85	34.67	9.07	22.93	0.92
Males	10.62 (1.32)	52	34.98	8.61	24.65	8.40
Females	10.48 (1.42)	33	34.18	9.86	20.21	8.02
Adol 13-18	15.31 (1.64)	238	33.41	10.21	25.87	9.19
Males	15.14 (1.71)	111	32.27	9.57	25.14	9.11
Females	15.45 (1.64)	128	34.41	10.67	26.52	9.24

만약 당신의 아이가 위와 같다면 사회성이 일반 또래에 비해 결여되어 있다고 볼 수 있다.

부록3:
14가지 심리 이야기

1. 지나친 겸손은 교만이다.

남 앞에 나서고 잘난 척하는 것을 정말 싫어하는 사람이 있다. 자신의 능력이 꼭 필요한 경우에도 겸손을 미덕이라 여기고 항상 뒤로 물러선다. 항상 '미안합니다', '감사합니다'를 자주 말하며 깍듯하다. 심지어 모든 일을 자신의 탓으로 돌리며 자책감을 자주 표현한다.

이런 행동은 대부분 자신이 스스로 만들어놓은 괜찮은 인간상에 자신을 끼워 맞추는 것일 수 있다.
'나는 괜찮은 사람이야.'
'나는 나 자신을 부끄럽게 여길 만큼 고상한 사람이야.'

'나는 잘난 척하고 무례한 저들과는 달라.'
지나친 겸손과 자책은 남들보다 더 위에 있다는 교만의 또 다른 얼굴일 수 있다. 스피노자Spinoza의 "자신을 경멸하는 자는 교만한 자"라는 말을 생각해봄 직하다.

겸손과 교만에 대해서 구분 지어 생각하는 것보다는 그냥 나에 대해서 객관적으로 바라보는 것이 좋겠다.
'나는 이 부분은 잘 못 하고, 이 부분은 남들보다 잘해.'
그래서 내가 필요하다고 생각하는 일에는 아낌없이 재능을 펼치고, 아니라면 나보다 더 재능 있는 다른 사람을 세워주고……. 참 간단하다. 여기에 잘난 척할 것도, 주눅 들 것도 없다. 왜냐하면 사람마다 다 다르게 태어났으므로 역할이 다르다는 걸 인정하면 되는 것이다. 인생에서 각자의 역할을 찾고 내가 할 수 있는 일을 하고, 또 내가 할 수 없는 일은 남의 도움을 받고……. 이렇게 단순하게 받아들이면 당신의 삶은 건강해질 것이다.

일부러 겸손하려고 애쓸 필요도 없고, 일부러 잘난 척할 필요도 없다. 단순하게 생각하자. 사람마다 재능이 다르다는 것을 받아들이면 될 뿐이다.

2. 지나친 자기 연민도 문제다.

세상에서 자기만 제일 불쌍하게 생각하는 사람이 있다. 비련의 주인공이 되어 남들은 눈에 들어오지 않는다. 자신에 대해 혼자 생각하거나 남에게 자신의 이야기를 들려줄 때 스스로 드라마 작가가 되어 모든 상황을 극대화하고 자신의 감정을 최고치로 끌어올린다. 대부분 자신을 스스로 비련의 주인공을 만들어 세상에서 가장 불쌍하고 힘든 사람으로 만들어버린다. 이런 경우는 유아기에 부모로부터 사랑이 결핍되어 제대로 성장하지 못해서일 수 있다.

보통 유아기 때는 세상의 모든 것을 자기중심적으로 사고하고 우주의 중심이 자신이라고 생각하는 자기중심성^{egocentrism}을 보인다. 보통은 자라면서 부모의 사랑을 받으며 부모와 건강한 애착 관계를 통해 나 아닌 다른 세상과 건강하고 균형 잡힌 관계를 맺어가며 성장한다.

하지만 부모의 사랑이 부족했던 경우 그 사람은 정서적·심리적으로 그 순간에 멈춰 있을 수 있다. 그래서 성인이 돼서도 유아기 때의 자기중심성을 보이곤 한다. 육체는 성장했지만 심리적으로는 유아기에 그대로 멈춰 있는 셈이다.

이 사실을 인정하고 받아들인다면 다시 마음이 성장할 수 있다. 다만 이런 자신만의 세상에서 꺼내줄 객관적인 시각을 가진 사람의 도움이 필요하다. 그런 도움을 얻기 위해 심리상담을 받기도 한다. 이런 과정을 통해 멈춰 있는 성장이 다시 시작되는 것이다.

3. 지나친 자신감은 열등감에서 비롯될 수 있다.

지나치게 잘난 척하며 허풍을 떠는 사람이 있다. 이것은 그만큼 자신의 열등감을 숨기기 위한 행동이다. 마치 위로 솟은 빙하가 그만큼 밑으로도 깊이 뻗어 있는 것과 같다.

사실 정말 실력이 있고 자신감이 있는 사람은 남이 봐주든 말든 상관이 없다. 모든 것이 자기 자신과의 싸움이기에 남들의 평가보다는 내재된 동기를 더 중요시한다.

하지만 열등감이 있는 사람은 자신감이 없고 두려운 것을 남들에게 들키고 싶지 않을 뿐 아니라 자기 자신 또한 속이고 싶어 한다. 그 결과 과도한 인맥을 자랑하며 늘어놓거나 과거에 자신의 무용담 같은 것을 부풀려 자랑한다. 실력으로 보여주는 것이 아니라 자신의 말로써 자기를 포장하는 것이다.

이들은 쉽게 타인을 무시하며 약한 자를 억누른다. 항상 대화를 자신이 주도하려 하고 남의 말은 잘 듣지 않는다. 자신의 약함을 드러내고 싶지 않고 강해 보이기 위한 행동을 하는 것이다.

내면의 나약함이 겉모습만 강해 보이려는 노력으로 나아지겠는가? 자신의 나약함까지 있는 그대로 받아들여보자. 그리고 할 수 있는 일을 해보는 것이다. 강해 보이는 것 말고, 진짜 약함을 강함으로 바꾸기 위해서.

4. 지나치게 모든 것에 긍정적인 것은 문제를 직면하지 못하는 두려움에서 온다.

남들에게 항상 긍정적인 말만 하는 사람이 있다. 이런 사람은 힘든 적이나 기분 나쁜 적이 없다. 누가 봐도 힘들어 보일 때조차 아무렇지 않다고 말하며 심지어 좋다고 대답한다.

지나치게 모든 것에 긍정적인 사람은 남들에게 힘든 것을 인정하거나 행복하지 않다고 인정하면 남들이 자신의 인생을 실패했다고 여길까 봐 두려운 것이다. 교회에서는 "예수 믿으면 언제나 기쁩니다"라는 말을 한다. 많은 성도들이 기쁘지 않으면 뭔가 잘못된 것처럼 자책하고 심지어는 숨기고 괜찮은 척, 행복한 척하기도 한다. 전형적으로 진실을 덮어버린 채 결과에 자신을 억지로 끼워 맞추는 것이다. 내면의 진실보다는 보이는 것에 집중하기 때문이다.

늘 행복하고 긍적적이면 더할 나위 없이 좋겠지만, 인생을 살다 보면 분명히 지치고 아픈 순간이 누구에게나 찾아온다. 그 순간에 아픈 진실을 마주하고 받아들여야 치유되고 건강해질 수 있다. 진짜 행복과 기쁨을 누리기 위해서는 사람마다 아픔을 용기 있게 마주하고 받아들이는 성숙해지는 과정이 필요하다. 그 과정에서 힘들 수도 있고, 안 괜찮을 수도 있고, 괴로울 수도 있다. 이런 당연한 과정을 부끄러워하거나 숨길 필요가 없는 것이다.

문제가 있다는 것은 부끄러운 일이 아니라 그 문제가 무엇인지 찾고 그래서 고칠 수 있다는 데 기뻐해야 한다. 이제 해결할 길이 열리지 않았나? 그러니 부정적인 것에 무조건 두려워하지 말고 담담히 마주하고 인정하자. 그러면 당신은 성숙해질 것이고 참된 행복과 기쁨을 누릴 수 있을 것이다.

5. 정리정돈은 못 하면서 위생은 강박적으로 신경 쓴다면 불안정한 것이다.

정리정돈은 잘 못 하는데 세균이나 박테리아를 무서워하며 손과 물건을 자주 닦는 사람이 있다. 그들의 집에는 물건을 어디다 놓아야 할지 몰라서 뒤죽박죽이거나 어수선한데 손과 손이 닿는 손잡이만 신경 쓰며 열심히 닦는 유형이다. 이 모습을 밖에서 마주치는 타인들이 볼 때는 굉장히 깔끔한 사람인 줄 알지만 막상 집에 가면 물건들이 제자리를 찾지 못하고 여기저기 널브러져 있다.

이들은 대부분 불안장애를 어느 정도 가지고 있으며, 시야가 좁아서 종합적인 사고가 부족하다. 자신이 중요하다고 생각하는 부분만 생각하기 때문에 다른 사람의 생각을 받아들이거나 이해하는 능력이 떨어진다. 대부분 어렸을 때 부모와 불안정한 애착 관계로 사람을 잘 신뢰하지 못하며, 사소한 일부터 시작해서 불안한 증세를 보인다. 그래서 강박적으로 위생에 신경 쓰지만 정작 정리정돈이나 주변 정리 같은 일은 감당할 수가 없다.

이런 유형들은 '이 세상에는 내가 믿을 사람이 없어'라는 생각에서 벗어나게 해줄 신뢰할 만한 사람의 도움이 필요하다. 어떤 사람의 일관성 있는 지지와 신뢰가 이들의 불안을 조금씩 잠재울 수 있다.

6. 결정을 잘 못 하는 사람은 위압적인 부모의 양육 방식에서 비롯된 것일 수 있다.

자녀의 의견을 존중하지 않고 자신의 결정을 무조건 강요하는 부모는 아이를 결정장애로 이끌 수 있다. 항상 옳고 그름은 부모에 의해 정해지고 부모에게 무조건 순종해야 한다면, 아이 스스로도 자신의 의견이나 생각은 불필요하게 여길 것이다. 이런 아이들에게는 자라면서 모든 의사 결정을 부모가 해왔기에 스스로 사고하고 결정까지의 과정이 생소하게 마련이다.

그렇기에 부모는 자녀가 스스로 사고하고 결정할 수 있게 도와주는 것이 매우 중요하다. 아이가 더 많은 경험을 쌓아가며 이런 경우에는 이렇게, 저런 경우에는 저렇게 판단할 수 있도록 제시를 해주는 것이다.

물론 같이 리서치를 해볼 수도 있다. 하지만 최종 결정은 아이가 하도록 돕는 것이다. 물론 결정이 부모 마음에 들지 않을 수도 있고 뻔히 안 좋은 선택일 수도 있지만, 여기서 부모는 기다려줘야 한다. 아이가 자신의 선택이 안 좋았다는 걸 깨닫고 그에 따른 책임과 불이익을 감수하는 것을 경험하게 하는 것도 좋은 방법이다. 당연히 어렸을 때부터 소소한 판단과 결정을 해봐야 나중에 큰 결정을 할 때

비로소 성숙하고 지혜로운 선택을 하게 될 것이다.

유아기의 아이들은 사고 발달이 미숙하므로 모든 결정을 맡길 수는 없지만, 좋은 결정을 할 수 있도록 부모가 지혜롭게 유도하는 것도 현명하다. 다만 이때는 부모가 선택을 유도했지만 아이가 느끼기에 자신이 선택했다고 믿게 만드는 것이 중요하다.

이런 사고의 훈련은 일회성이 아니라 부모의 꾸준한 관심과 더불어 아이가 어렸을 때부터 반복적으로 하는 것이 효과적이다.

7. 자신의 감정을 잘 표현하지 못하는 사람

자기감정을 잘 표현하지 못하는 사람이 있다. 이런 사람은 어렸을 때부터 부모에게서 감정에 대해 용납을 받지 못하고 "울면 안 돼", "화내면 안 돼", "힘들어하면 안 돼, 힘든 일 아니야" 식으로 억압을 받으며 자라왔기 때문이다.

이런 사람들은 어차피 감정을 표현해봤자 알아주지도 않고 어떤 감정은 창피한 것이라고 배웠기 때문에 자신이 상처받지 않기 위해 방어기제로서 감정을 억누르며 살아온 것이다. 그래서 여러 감정들이 '좋은 것, 나쁜 것, 이상한 것' 등으로 단순화되거나 자신조차도 자신의 감정이 무엇인지 모를 수 있게 된다. 이렇게 억눌러진 부정적인 감정들은 그때그때 말로 표현하는 대신, 공격적인 언어나 폭력적인 방법으로 폭발할 수 있다.

따라서 평소에 이상한 느낌이나 안 좋은 기분이 들 때면 자신의 감정을 구체적으로 정의하고 왜 그런지 이유를 찾고 인정해야 한다. 그 다음엔 스스로 이런 것이 편해지면 그런 감정을 상대방에게 말로 표현하는 연습을 하는 것이 좋다.

이렇게 자신의 감정을 쌓아두지 말고 그때그때 구체적으로 표현하다 보면 납작해진 감정들이 풍부해지고, 공격적으로 폭발할 만한 부정적인 감정들도 다른 사람에게 말로써 설명할 수 있을 것이다.

8. 거절 못 하는 사람은 낮은 자존감 때문이다.

다른 사람이 뭔가를 부탁할 때 자신도 모르게 항상 "Yes" 해버리고 후회하는 사람이 있다. '다음번에는 그러지 말아야지' 다짐하고도 타인의 요구에 또 쉽게 승낙하고 뒤돌아서 후회하는 유형이다. 이런 경우는 부탁을 거절하면 다른 사람이 자신을 나쁘게 생각하거나 좋아하지 않을까 하는 두려움 때문이다. 이는 다른 이들이 자신을 인정하고 좋아해줘야 자신의 존재감을 느낄 수 있는 자존감이 낮은 사람이다.

이들은 누군가 단 한 명이라도 자기에 대해 부정적으로 생각하는 것을 견딜 수 없다. 그래서 모든 사람에게 좋게 보여야 하고 좋은 관계를 유지해야 자신의 존재가 가치 있다고 느낀다. 자기의 '내면의 소리'보다는 '외부의 평가'가 그의 삶에서 굉장히 중요한 것이다.

모든 사람과 다 잘 지내는 것은 어려운 일이다. 또한 모든 사람이 당신을 칭찬하고 좋아해주기란 사실상 불가능하다. 하지만 그렇다 한들 당신의 삶에 실질적으로 무슨 일이 일어나는가? 많은 사람의 요구와 부탁을 들어주다가 육체적으로 지치고 정신적으로 피폐해진 당신 자신을 발견하는 일밖에는 없을 것이다.

사람은 모든 것을 다 잘할 수 없다. 그러니 자신이 할 수 있는 것과 할 수 없는 것을 잘 인지하는 것이 필요하다. 누군가 부탁을 하면 바로 승낙하는 대신, 자신이 할 수 있는지부터 생각하자. 할 수 없다면 정중히 거절해라. 그래도 괜찮다. 누구나 당신이 세상 모든 일을 다 할 수 없다는 데 동의할 테니.

9. 쉽게 화를 내고 다스리지 못하는 사람

사소한 일에도 버럭 화를 내는 사람이 있다. 상대방은 별 뜻 없이 한 말인데 스스로 공격적으로 느끼고 자신을 방어하고자 예민하게 반응하는 것이다. 소위 자격지심이라고 하는데, 이는 열등감에서 오는 문제일 수 있다.

이런 유형은 스스로 느끼는 열등감 때문에 다른 사람이 자신을 얕잡아보고 무시한다고 가정을 한다. 자신만의 필터를 끼고 다른 사람의 말과 행동을 그 사람의 의도와는 다르게 해석한다. 자신을 무시하고 존중하지 않는다고 여기는 것이다

물론 타인이 당신에게 던진 말 중에는 정말 무시하는 의도가 담겼을 수 있으나 대부분은 아닐 것이다. 당신 안의 열등감이 아무 뜻도 없는 말을 당신에게 굉장한 의미가 있게 바꾸어 받아들이는 것이다.

실제로 어떤 사람이 당신에게 '바보'라고 한다고 그 말 때문에 당신이 바보가 될까? 다른 사람의 말은 당신 인생에서 아무런 힘을 발휘할 수 없다. 당신의 인생을 바꿀 수 있는 것은 바로 당신 자신이다. 그러니 남의 말에 쉽게 휘둘려서 화를 내거나 속상해하지 말자.

10. 잘 버리지 못하는 사람은 자신을 아무도 도울 수 없다는 불안감을 안고 있는 탓이다.

물건을 가치에 상관없이 버리지 못하고 저장하고 쌓아두는 경우, 그래서 일상생활이나 다른 사람과의 관계에서 불편을 초래하는 경우를 '저장강박증'이라고 한다.

저장강박증을 가지고 있는 사람들 대부분이 자신은 아무 문제가 없다고 생각한다. 온 집 안이 각종 쓰레기로 뒤덮여 움직일 틈조차 없는 상황이 벌어졌는데도 말이다. 이러한 저장강박증은 생물학적인 전두엽의 문제로 발생하기도 하지만, 불안과 우울 같은 심리적인 요인에서 비롯되기도 한다.

혹자는 '나는 저 정도는 아니야'라고 지나칠 수 있다. 하지만 다시 한 번 생각해보자. 집에 1년 이상 안 쓴 물건들이 어딘가에 처박혀 있지 않은가? 냉장고가 꽉 차서 뭐가 어디에 있는지 모르지 않는가? 옷장에 몇 년이 넘도록 안 입은 옷들이 터질 듯이 쌓여 있지 않은가? 이처럼 '언젠가는 필요할 수 있어' 하고 못 버린 물건들이 쌓이고 쌓여 이제는 뭐가 어디에 있는지도 모르는 상태일 수 있다.

전쟁을 겪은 세대들은 궁핍한 시절을 살아오며 항상 먹을 것과 물자가 모자랐기에 그런 트라우마로 무엇이든 쉽게 버리지 않고 모아두곤 했다. 그들은 전쟁 중에 그리고 종전이 된 후에도 항상 굶주린 생활에 물질적으로 정신적으로도 굉장히 힘들었을 것이다. 모두가 살아남기에 바빠서 다른 사람을 헤아릴 여유가 없었고, 약육강식의 피폐한 상황이었다. 그래서 누구도 의지할 수 없었고 뭐든 자기 스스로 해결해야 했다. 심지어 가족끼리도 의지할 수 없었을지도 모른다. 게다가 그 당시에는 지금과는 달리 대가족이었고, 부모들이 자식의 모든 것을 해결해주던 시대가 아니었다.

사실 그 이전에도 한반도에는 수많은 전쟁이 반복되어 왔다. 그렇기에 대대손손 그 불안감과 저장 욕구가 전해져 온 것이다. 무엇이든 쓰던 걸 버리려고 하면 죄책감이 들고, 나중에 필요한 상황이 생길까 봐 불안했을 거다. 이런 불안감은 어린 시절 부모로부터 충분한 사랑으로 안정감을 얻지 못한 사람들에게 많이 나타난다. '내가 도움이 필요할 때 나는 항상 혼자였어. 아무도 나를 도와주지 못해. 그러니까 내가 알아서 최대한 모든 상황에 대비해야 해. 그러니까 이것도 언젠가는 필요할 거야.' 이런 불안감으로 버리지 못하게 되는 것이다.

동시에 이런 불안감으로 이것저것 당장 필요하지 않은 물건들을 사서 쌓아두기 시작한다. 이런 행동이 젊었을 때는 크게 눈에 띄지 않을 수 있지만, 나이가 들어갈수록 집 안에 필요하지 않은 물건들이 채워지고 숨 쉴 공간이 없는데도 자신은 자각하지 못할 수 있다. 나중에는 무기력감과 우울증이 동반되기도 한다. 저장강박증은 나이가 들어갈수록 점점 심해지는 경향이 대부분이다.

전쟁을 겪은 한 노인이 먹다 남은 사과가 썩어가고 있어 누군가 싱싱한 사과를 사주었는데도 썩은 사과를 버리지 못해 싱싱한 사과마저 썩게 만드는 악순환을 반복하며 살아가고 있다. 자기 삶의 질이 너무 떨어지는 것을 알지만 그래도 썩은 음식을 버릴 수 없는 것이다. 오랫동안 불안감 속에서 누구도 의지하지 못한 채 살아왔기 때문이다.

필요 없는 물건이 너무 많은 건 아닌지 집 안을 둘러보자. 또 그 물건을 필요로 하는 사람이 있는지 생각해보자. 나한테는 필요 없지만 누군가에게는 꼭 필요하다면 작은 것부터 기꺼이 나눠보자. 어차피 더 오래되고 낡으면 다른 사람도 쓸 수 없게 된다. 정말 누구에게도 쓸모없는 물건이 되기 전에 나눠 주며 주변을 정리한다면 기분이 가벼워지면서 무기력감이나 우울감도 조금씩 사라질 것이다.

11. 마감 직전에 일을 닥쳐서 하는 사람은 완벽주의 때문이다.

어떤 해야 할 일이 생기면 머릿속만 바빠지는 사람이 있다. 어떻게 해야 할지 생각만 하다가 복잡해지고 스트레스만 받게 된다. 많은 경우의 수를 생각하며 수도 없이 여러 가지의 경우를 머릿속으로만 시뮬레이션하는 것이다. 계속 스트레스를 받으며 뭔가 많은 일을 한 것처럼 힘들고 지쳤는데 현실 세계에서는 막상 아무것도 안 되어 있다.

이들은 남들에게 흠 잡히고 싶지 않고 과도하게 잘하고 싶은 욕심 때문이거나, 많은 시뮬레이션마다 실패할 경우를 불안해하는 유형이다. 모든 일에서 남들에게 평가받고 그에 따른 결과를 걱정하는 것이다.

남의 시선을 걱정하기보다는 내 안에 뭐가 있는지에 집중하고 밖으로 꺼내보자. 그리고 문제가 발생하면 거기서부터 또 다른 시도를 해보는 것이다. 현실 세계에서 뭔가 이루어져야 문제가 발견될 수 있고 고칠 수도 있다. 머릿속에서는 그저 가상현실일 뿐이다.

뭔가 당신에게 과제가 주어졌으면 되든 안 되든 당장 시작해보자. 그래야 뭔가 보일 것이다. '머릿속으로'가 아니라 '실제 보이는 것'을 통해 실질적으로 일을 하는 것이다.

12. 쉬지 못하는 사람은 불안감이 내재돼 있다(일중독).

아무것도 안 하고 가만히 쉬는 걸 못하는 사람이 있다. 휴가 때도 쉬기보다는 무엇인가 이벤트를 만들어야 하고 여행을 가도 일정을 빽빽이 짜서 완수하느라 바쁘다.

이런 사람들은 아무 일도 안 하고 누워 있으면 죄책감이 몰려온다. 좀 한가하다 싶으면 뭔가 새로운 것을 배우고 자격증 같은 걸 따거나 심지어 학위를 따기도 한다. 뒤에서 누군가 밀고 있는 것처럼 쉬지 않고 산다.

이는 자신 안의 열등감 때문에 남들과 끊임없이 비교하며 뒤처지지 않으려 하는 불안감이 내재돼 있기 때문이다. 자신만의 길을 가는 것이 아니라, 주변의 사람들과 비교하며 방향성 없이 이리저리 바쁘게만 사는 것이다.

사람마다 모두 다르다는 것을 인정하는가? 그렇다면 모두의 길이 다 다르고 시간표도 다 다르다. 그러니 남과 비교하며 초조해하지 말고 내 안에 뭐가 있는지 살피고 필요한 것을 나만의 속도에 맞추어 차근차근히 해나가자.

13. 자녀의 문제는 부모의 문제에서 비롯된다.

자녀에게 문제가 있다고 상담을 해달라는 부모가 많다. 그런데 대부분의 부모들이 자녀의 문제와 자신을 별개로 생각하고 아이에게만 문제가 있다면서 그걸 해결해주길 바란다.

하지만 모든 자녀의 문제는 부모에게서 비롯된 것이고, 자녀의 문제를 통해 부모의 문제점이 드러난 것이다. 따라서 부모가 이를 받아들이지 못하면 아이는 상담을 통해 일시적으로 좋아지더라도 다시 가정으로 돌아가 잘못된 양육 방식 아래서 더 혼란스러워하거나 고통받을 수 있다.

그래서 자녀에게 문제가 있다고 생각되면 부모가 먼저 자신의 양육 방식을 코칭받고 전반적으로 자녀와의 관계를 재정립해나가는 것이 필요하다. 부모의 일관성 있고 건강한 양육 방식이 계속된다면 자녀는 전문적인 상담 없이도 충분히 건강한 방향으로 성장할 수 있다. 이런 과정에서 부모 자신의 어릴 적 상처와 연약함이 드러나고 이를 인정함으로써 부모 또한 건강해질 수 있다.

14. 여러 가면을 가진 사람

어떤 사람들 중에는 가족들 앞에서, 학교에서 또는 직장에서, 친구들 앞에서 각기 다른 모습을 드러내 보이는 사람이 있다. 자신의 진정한 모습보다는 남들이 자신에게 원하는 모습대로 행동하는 것이다. 그래서 나중에는 가족, 지인들조차도 이 사람의 진짜 모습을 알 수 없게 된다.

이런 모습에 대해 어떤 이는 "장소마다 역할이 다른데 어떻게 같은 모습일 수 있을까요?"라고 말하며 자신의 여러 모습을 당연하게 여기기까지 한다. 하지만 여러 장소에 갈 때마다 옷을 갈아입는 것이 불편한 것처럼 이 또한 굉장히 불편할 것이다.

이렇듯 한 사람이 여러 가지 가면을 가지고 있는 이유는 자기 자신에 대한 자존감이 낮아 외부의 평가에 집착하기 때문이다. 그때그때 그 조직에서 다른 사람이 자신에게 원하는 모습을 자신에게 끼워 맞추는 것이다. 그래서 자신조차 진짜 자신의 본모습을 본 적이 없을 수 있다.

이런 사람은 대부분 감정 표현이 서툴고 자기 자신에게 가혹하다. 자신이 좋아하는 것, 원하는 것보다는 다른 사람의 눈치를 보고 그들이 원하는 대로 행동한다. 항상 자유롭지 못하기 때문에 억눌려 있어 부정적인 감정이 한꺼번에 폭발할 수 있는데, 그 대상은 주로 결혼 후 배우자나 자녀들이 될 확률이 높다.

균형적인 건강한 삶을 살기 위해서는 자신의 진짜 모습을 찾고 언제 어디서나 솔직하게 있는 그대로의 모습으로 사는 것이 중요하다. 있는 그대로의 자신의 모습을 받아들여야 상처나 연약한 부분을 찾아내고 치유할 수 있다.

References

Adler, A. (1956). The Individual Psychology of Alfred Adler. H. L. Ansbacher and R. R. Ansbacher (Eds.). New York: Harper Torchbooks.

Aviv, V. (2014). What does the brain tell us about abstract art? Frontiers in Human Neuroscience, 8, 85.

Barber, N. (2014). Focus on the process and results will follow. Retrieved from http://www.edutopia.org/blog/focus-process-results-will-follow-nathan-barber

Bateson, P., & Martin, P. (2013). Play, Playfulness, Creativity and Innovation. Cambridge, United Kingdom: Cambridge University Press.

Clear, J. (2013) Forget Setting Goals. Focus on This Instead. Retrieved from http://www.entrepreneur.com/article/230333

Curl, K. (2008). Assessing stress reduction as a function of artistic creation and cognitive focus. Art Therapy: Journal of the American Art Therapy Association, 25: pp. 164-169.

Corsini, R. J., & Wedding, D. (2010). Current Psychotherapies (9th ed.). Pacific Grove, California, Brooks & Cole.

Eysenck, H. J. (1993). Creativity and personality: Suggestions for a theory. Psychological Inquiry, 4, 147-178.

Flett, G. L., & Hewitt, P. L. (1991). Perfectionism in the self and social context: conceptualization, assessment, and association with psychology. Journal of Personality and Social Psychology, 60, 456-470.

Flett, G. L., & Hewitt, P. L. (2002). Perfectionism. Washington, DC: American Psychological Association. pp. 5-31, 107-108.

Flett, G. L., & Hewitt, P. L. (2006). Positive versus negative perfectionism in psychopathology: a comment on Slade and Owens's dual process model. Behavior Modification, 30(4): 472-495.

Gallucci, N. T., Middleton, G., & Kline, A. (2000). Perfectionism and creative strivings. Journal of Creative Behavior, 34(2), 135-141.

Gridley, M. C. (2013). Preference for abstract art according to thinking styles and personality. North American Journal of Psychology, 15(3), 463-481.

Guilford, J. P. (1956). Structure of intellect. Psychological Bulletin, 53, 267-93

Chung, Hyun Z. (2015). Turning on your creativity: breaking through perfectionism by making abstract arts, Thesis for the degree of Master of Arts in Clinical Mental Health Counseling, Art Therapy, Lesley university

Joy, S., & Hicks, S. (2004). The need to be different: Primary trait structure and impact on projective drawings. Creativity Research Journal 16, 331-339.

Jung, Carl G. (1990). Psychological Types. Collected Works of C. G. Jung, Bollingen Series, (vol. 6). Princeton, NJ: Princeton University Press. (Original work published in 1976).

Knapp, R., & Wulff, A. (1963), Preferences for abstract and representational art. The Journal Of Social Psychology, 60, 2, 255-262,

Lusebrink, V. B. (1990). Imagery and visual expression in therapy. Emotions, personality, and psychotherapy. New York, NY: Plenum Press.

Maslow, A. H. (1970). Motivation and Personality. New York: Harper & Row.

May, R. (1975). The courage to create. Oxford, England: W. W. Norton.

McCrae, R. R. (1987). Creativity, divergent thinking, and openness to experience. Journal of Personality and Social Psychology, 52, 1258-1265.

Miller, A. L., Lambert, A. D., et al. (2012). Parenting Style, Perfectionism, and Creativity in High-Ability and High-Achieving Young Adults. Journal for the Education of the Gifted, 35(4): 344-365.

Paris, A. (2008). Standing at Water's Edge: Moving Past Fear, Blocks, and Pitfalls to Discover the Power of Creative Immersion. Novato, California: New World Library.

Shore, A. (2014). Art Therapy, Attachment, and the Divided Brain. Art Therapy, 31(2): 91-94.

Zhang, L. (2009). Anxiety and thinking styles. Personality and Individual Differences, 47, 347-351.

미쳐 돌아가는 세상에서 살아남기

발행 2021년 11월 24일

글 정현주
그림 정현주

편집 메모리웍스
펴낸곳 아루카북스
주소 13467 경기도 성남시 분당구 운중로118(스타타워 401호)
전화 031-707-3577
홈페이지 ko.arukaharts.com
이메일 info@arukaharts.com
ISBN 979-11-968841-1-6
ⓒ2021 정현주

잘못된 책은 구입하신 서점에서 바꾸어 드립니다.
책값은 뒤표지에 있습니다.

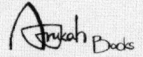